科技大数据理论与技术丛书

面向分类用户个性化需求的科技大数据精准服务技术

吴书 唐斯斯 苏喻 等 著

科学出版社

北京

内 容 简 介

在全球信息化快速发展的背景下，大数据、人工智能、移动互联网、云计算、5G等新兴技术快速发展，科技大数据提供的服务形态、模式和机制也呈现出多元化的特征。本书首先从分类用户画像、科技资源精准推荐和快速搜索这几个算法的角度对科技大数据精准服务技术进行介绍，重点介绍基于图神经网络的精准推荐算法和基于哈希技术的搜索和重排序方法；其次，对知识图谱驱动的协同创新服务进行介绍，重点描述我国科技大数据的开放共享情况和科技信息服务技术的发展情况，并从科技大数据的实际情况出发，针对基于大数据技术的科技信息服务体系建设提出建议；再次，从个人和企业两个角度描述科技大数据的应用案例和场景，让读者体会从数据处理到应用的具体流程；最后，梳理科技大数据的服务现状，总结科技大数据发展面临的问题，并提出推进科技大数据发展的建议措施。

本书适合高校信息资源管理、信息管理与信息系统、计算机科学与技术等相关专业的师生阅读，并可以作为科技产业、大数据产业、信息系统产业的相关从业者、专家、学者等的参考书。

图书在版编目(CIP)数据

面向分类用户个性化需求的科技大数据精准服务技术 / 吴书等著. —北京：科学出版社，2022.6
（科技大数据理论与技术丛书）
ISBN 978-7-03-071405-3

I. ①面⋯ II. ①吴⋯ III. ①科学技术—数据处理—研究 IV. ①G203

中国版本图书馆 CIP 数据核字（2022）第 015799 号

责任编辑：郝 悦／责任校对：王晓茜
责任印制：张 伟／封面设计：无极书装

科学出版社 出版
北京东黄城根北街 16 号
邮政编码：100717
http://www.sciencep.com

北京中科印刷有限公司 印刷
科学出版社发行 各地新华书店经销

*

2022 年 6 月第 一 版 开本：720×1000 B5
2022 年 6 月第一次印刷 印张：9 1/2
字数：200 000

定价：128.00 元
（如有印装质量问题，我社负责调换）

课题组成员

吴　书　中国科学院自动化研究所
周文罡　中国科学技术大学
苏　喻　科大讯飞股份有限公司
唐斯斯　国家信息中心
张　锋　北京生产力促进中心
金小娟　中国科学院自动化研究所
白　平　中国科学院自动化研究所
崔泽宇　中国科学院自动化研究所
张孟奇　中国科学院自动化研究所
晏祺龙　中国科学院自动化研究所
李泽坤　中国科学院自动化研究所
王　敏　合肥综合性国家科学中心人工智能研究院
欧阳剑波　中国科学技术大学
孙韶言　中国科学技术大学
周　浩　中国科学技术大学
王越琛　中国科学技术大学
尹宇飞　中国科学技术大学
汪成成　科大讯飞股份有限公司
张　丹　科大讯飞股份有限公司
蔡丹旦　国家信息中心
张雅琪　国家信息中心
徐清源　国家信息中心

前　言

在信息化快速发展的背景下，大数据、人工智能、移动互联网、云计算等新兴技术快速发展，科技大数据提供的服务形态、模式和机制也逐步呈现出多元化的特征。本书从个人和企业两个角度描述了科技大数据服务的具体应用案例，以帮助读者更好地了解从数据处理到应用的具体流程。本书也探索了如何引入新技术提升科技大数据精准服务的质量。最后本书总结了当前科技大数据开放共享工作的开展情况和科技信息服务技术的发展情况，并针对当前面临的问题提出了推进科技大数据发展的建议措施。

本书写作的具体分工如下。

第 1 章绪论，概述相关背景、概念、技术方法和需要解决的问题，由周文罡、金小娟执笔，感谢晏祺龙、崔泽宇、张孟奇、李泽坤提供的指导和帮助。

第 2 章多维度多尺度分类用户的精准画像，由周文罡、周浩、晏祺龙、崔泽宇、白平执笔。

第 3 章基于图神经网络模型的科技资源精准推荐，由吴书、张孟奇、李泽坤、白平执笔。

第 4 章科技资源的快速搜索服务模式研究，由周文罡、王敏、孙韶言、欧阳剑波执笔。

第 5 章知识图谱驱动的协同创新服务，由周文罡、王越琛、尹宇飞执笔。

第 6 章科技大数据服务系统平台，由北京生产力促进中心张锋执笔，课题组成员对 6.4 节的撰写均有贡献。

第 7 章科技大数据应用案例和场景，由苏喻、张丹、汪成成执笔。

第 8 章科技大数据服务现状问题与发展建议，由国家信息中心唐斯斯、蔡丹旦、张雅琪、徐清源执笔。

本书作者有吴书、周文罡、张锋、苏喻、唐斯斯。

感谢杜军平教授在本书撰写及项目执行中提供的指导和帮助。

吴　书

2021 年 10 月于北京

目 录

第1章 绪论 ··· 1
   1.1 背景和意义 ·· 1
   1.2 相关概念 ·· 1
   1.3 主要技术和方法 ·· 3
   1.4 需要解决的问题 ·· 4
   1.5 本书的内容和结构 ··· 4
   参考文献 ·· 5

第2章 多维度多尺度分类用户的精准画像 ··· 7
   2.1 基于科技大数据的用户画像 ·· 7
   2.2 基于科技大数据的用户画像动态更新 ······································ 14
   2.3 用户画像的聚类分析 ··· 20
   2.4 基于用户画像的图谱构建 ··· 22
   参考文献 ·· 25

第3章 基于图神经网络模型的科技资源精准推荐 ································· 29
   3.1 基于图神经网络的特征交互建模 ·· 29
   3.2 基于用户行为序列信息的科技资源精准推荐网络 ······················· 37
   参考文献 ·· 51

第4章 科技资源的快速搜索服务模式研究 ·· 55
   4.1 科技大数据协同索引 ··· 55
   4.2 基于哈希技术的跨模态搜索 ·· 57
   4.3 科技资源搜索重排序研究 ··· 60
   4.4 科技资源搜索质量评价 ·· 64
   参考文献 ·· 68

第5章 知识图谱驱动的协同创新服务 ·· 69
   5.1 大数据协同创新服务网络 ··· 69

5.2 动态个性化需求理解和预测 ································· 72
5.3 动态协同创新服务模式 ····································· 75
参考文献 ·· 78

第6章 科技大数据服务系统平台 ····························· 79
6.1 科技信息服务业发展现状 ··································· 79
6.2 我国科技大数据开放共享工作开展情况 ··············· 82
6.3 科技信息服务技术发展情况 ······························· 88
6.4 基于大数据技术的科技信息服务体系建设 ············ 96
参考文献 ·· 101

第7章 科技大数据应用案例和场景 ························· 106
7.1 科技大数据应用背景与现状 ····························· 106
7.2 个人科技大数据应用案例 ································· 112
7.3 企业科技大数据应用案例 ································· 123
参考文献 ·· 128

第8章 科技大数据服务现状问题与发展建议 ············ 129
8.1 科技大数据现状分析 ······································· 129
8.2 科技大数据发展应用面临的问题 ······················· 137
8.3 推进科技大数据发展的建议措施 ······················· 140
参考文献 ·· 143

第1章 绪　　论

1.1　背景和意义

随着互联网、大数据和人工智能等新兴技术的发展和新兴产业的快速崛起，科技大数据逐步表现出多维度和专业性强的新特征，基于科技大数据的服务形态、模式和机制也呈现出多元化的特征，这种变革导致现有的科技大数据很难提供全面、有效的知识信息。举例来说，我们通过中国知网、万方数据等知识服务平台查阅科技大数据时，需要输入主题、作者、关键词、摘要等关键信息，查询数据单一和平台兼容性差是现有科技知识服务平台面临的突出难题，科研成果如何实现高效的产业化成为政府层面和产业界、工业界、学术界共同关注的问题。随着深度学习和神经网络等理论方法的兴起，越来越多的智能化技术渗透到科技资源的整合中，通过知识图谱推荐技术、半监督学习方法等，有效地实现了对科技大数据中多源异构数据的重整合，从而提取出了更为精准的科技资源特征，这为构建出规模更大、维度更全的科技大数据服务系统平台提供了有利的技术保障，将对现有的科技结构改革产生重要影响。

1.2　相关概念

1.2.1　科技大数据

科技大数据是通过日益积累和不断增长形成的一类与科技活动全过程密切相关的多源异构大规模数据，包含具体的科技创新活动全过程产生的各类科技信息主体、内容、影响，以及用于支撑科技创新发展的科技政策。当今世界新产业革命、技术革命方兴未艾，以互联网、大数据和人工智能等为代表的新兴产业迅速发展，催生出种类更加丰富的科技大数据用户主体的同时，科技大数据的管理主体以及使用主体和服务主体也在不断地更新。一般而言，科技大数据可按其数据特征和数据来源两种方式进行分类，按数据特征可分为文献、专利、专著、科技报告、标准等科学技术自身的产出和科研机构、企业等科研主体产生或发布的科技政策、新闻、学术观点等[1]。按数据来源可分为以下七类：①科研主体，从事科研活动的各类科研院所、高校、企业和社会组织等；②科研投入，用于支持开展科研活动的投入,也是生产性的投入,主要来源有财政科技拨款、科技基金、企业科技投入等;③科技平台,设备、系统、平台等;④科技过程,实验、测试、论证、验收等;⑤科技产出,论文、专利、报告、标准、白皮书等;⑥科技交流,学术会议、论坛、科技新闻等;⑦科技规划与管理,科技规划、科技政策等[2]。

1.2.2 用户画像

用户画像是一个具有特殊标签特征的数据集合,从用户的真实行为数据中抽取出行为特征,从而形成带有用户兴趣偏好标签特征的数据集合,最终为用户提供更精确的服务[3]。用户画像通常也被称为对用户建模。

1.2.3 推荐系统

推荐系统是对用户的偏好信息进行分析,从数据集合中发现可能符合其偏好的信息,然后主动向用户推荐[4]。现阶段,协同过滤(collaborative filtering,CF)推荐、基于内容的推荐、基于关联规则的推荐、基于知识推理的推荐、组合推荐等典型算法被应用于推荐系统[5]。推荐系统的评价指标通常包含准确度、覆盖率、多样性、用户满意度等。

1.2.4 知识图谱

知识图谱(knowledge graph)主要是通过一种简单、直观的可视化方式,描述、挖掘、绘制、展示科技大数据中各类知识的发展及与其相关联的技术。因直观、简单、具备可视化的优势,其在科技大数据平台建设中已经成为主流。

1.2.5 图神经网络

图是由一组对象及其关系组成的数据结构,图结构最大的优势是具有直观的显示度,所以图神经网络(graph neural network,GNN)也已被广泛应用于神经网络建模中。根据神经网络类型的不同,GNN 被分为图卷积网络、图生成网络、图注意力网络和图时空网络等。

1.2.6 聚类分析

聚类是按规定的标准将大量数据分成不同的类或簇,使得同簇中的数据具有更明显的相似属性,而不同簇中数据的属性差异相对明显。聚类是推荐系统平台的关键技术。常用的聚类算法有 K-Means（K-均值）聚类、均值偏移聚类、基于密度的聚类方法等。

1.3 主要技术和方法

近年来，神经网络、深度学习等方法已经成为推动科技大数据实现精准推荐的重要方法。以下简要介绍科技大数据精准服务中涉及的关键技术。

1.3.1 精准画像技术

如果想获得未知的用户属性特征等信息，需要利用用户在系统中产生的模态数据对用户属性进行推断，得到用户描述信息，这就是用户画像技术。网络表示学习算法 DeepWalk[6]、图半监督学习方法[7]等都可以针对用户实现精准画像。矩阵分解（matrix factorization，MF）[8]、图卷积神经网络（graph convolutional network，GCN）[9]等图嵌入表达方法也可以用来描述用户画像。

1.3.2 精准推荐技术

点击率预测是实现精准推荐的关键技术，但是科技大数据的用户及科技资源的特征大多是稀疏的，因此对特征交互的建模是点击率预测成功的关键。经典算法有早期的因子分解机（factorization machine，FM）[10]，其对特征交互的建模效果非常直观。现在深度神经网络方法可以隐式地包含特征交互[11]。最早基于会话的推荐系统是基于马尔可夫链的推荐系统[12]。近年来，随着深度学习等理论不断延展，逐渐发展出基于循环神经网络（recurrent neural network，RNN）的推荐系统[13]等，极大地提升了推荐的准确度。

1.3.3 快速搜索技术

科技资源大数据检索面临的关键问题是如何实现对数据库的高效索引和对用户查询的快速响应。为了完备地表达科技大数据的语义，常常对一个数据样本提取多种特征，每种特征向量可以表达数据的不同属性。在大规模科技资源检索系统中，科技大数据的特征表达是系统设计的关键、核心。近几年，基于深度神经网络的特征学习被广泛用于检索任务中的数据样本表征学习，一系列深度紧凑特征学习方法[14]被用来降低内存消耗，并加快在线距离计算。

1.4 需要解决的问题

1.4.1 科技资源精准推荐的交互建模

深度神经网络本身隐式地包含特征交互的特征，而这种隐式的黑盒模式往往缺乏解释性，很难对高阶交互有效建模。因此，设计能够实现高阶交互建模并且模型具有可解释性的网络是非常有必要的。

1.4.2 科技资源快速搜索中的存储和计算

为了处理大规模的科技大数据，可以引入信息检索中的倒排索引技术，为数据样本的每一种特征构建一组倒排索引表，以适应大规模科技资源检索。然而，多特征表达和索引意味着更多的存储开销和计算开销，因此有必要对这种多索引表进行融合和压缩。

1.4.3 跨模态搜索中的弱监督学习

深度紧凑特征学习方法有效地降低了存储特征的内存消耗，并加快了在线距离的计算，然而，现有的深度紧凑特征学习方法大多数是有监督的，这也就意味着深度神经网络的训练需要大量有类别标签。众所周知，获取这类具有监督信息的类别标签需要消耗大量的人力、物力。

1.4.4 科技资源检索重排序效率

科技资源检索重排序方法主要有扩展查询和基于 K 近邻的重排方法。现阶段，扩展查询方法的缺陷在于需要做二次检索甚至是多次检索，当数据库规模很大的时候，该方法会严重影响检索的效率。

1.5 本书的内容和结构

第 1 章是绪论。该章主要介绍面向分类用户个性化需求的科技大数据精准服务技术的背景和意义、相关概念、主要技术和方法以及需要解决的问题。

第 2 章是多维度多尺度分类用户的精准画像。该章主要介绍基于科技大数据的用户的精准刻画、用户画像的动态更新、用户画像的聚类分析和基于用户画像的图谱构建的关键技术。

第3章是基于图神经网络模型的科技资源精准推荐。该章主要介绍基于GNN的特征交互建模和基于用户行为序列信息的精准科技推荐网络的重要方法，并且基于GNN提出了序列推荐、协同推荐等多个模型。

第4章是科技资源的快速搜索服务模式研究。该章主要介绍科技大数据的协同索引、基于哈希技术的跨模态搜索、科技资源搜索重排序研究的核心技术，并针对现有科技资源搜索质量性能评估不完善的情况，提出了新的科技大数据搜索质量评价体系。

第5章是知识图谱驱动的协同创新服务。该章主要介绍大数据协同创新服务网络、动态个性化需求理解和预测及动态协同创新服务模式的主要方式。

第6章是科技大数据服务系统平台。该章从国内外产业发展现状出发，着重介绍了我国科技大数据开放共享工作的开展情况和科技信息服务技术的发展情况，并从我国科技大数据的实际情况出发，针对基于大数据技术的科技信息服务体系建设提出了建议。

第7章是科技大数据应用案例和场景。该章从个人和企业两个角度，列举了数据的整理与介绍、数据的处理与挖掘、所采用的技术方案以及应用与效益等的应用案例，使读者更清晰地理解科技大数据采集、融合、抽取、挖掘及应用的流程。

第8章是科技大数据服务现状问题与发展建议。该章梳理了我国科技大数据服务的现状，总结了科技大数据发展应用面临的问题，并针对这些问题提出了推进科技大数据发展的建议措施。

参 考 文 献

[1] 曾文，车尧，张运良，等. 服务于科技大数据情报分析的方法及工具研究[J]. 情报科学，2019，37（4）：92-96.
[2] 化柏林. 科技信息大数据在情报研究服务中的应用[J]. 图书情报工作，2017，61（16）：150-156.
[3] 刘兆幸. 基于用户画像的虚拟社区知识推荐研究[D]. 郑州：郑州大学，2019.
[4] 胡兆山. 基于用户画像与协同过滤的混合推荐系统研究[D]. 昆明：云南财经大学，2019.
[5] 吴怀宇. 3D打印：三维智能数字化创造[M]. 2版. 北京：电子工业出版社，2015.
[6] Perozzi B, Al-Rfou R, Skiena S. DeepWalk: online learning of social representations[R]. The 20th ACM SIGKDD International Conference on Knowledge Discovery and Data Mining, 2014.

[7] Yang Z C, Yang D Y, Dyer C, et al. Hierarchical attention networks for document classification[R]. Conference of the North American Chapter of the Association for Computational Linguistics: Human Language Technologies, 2016.

[8] Belkin M, Niyogi P. Laplacian eigenmaps and spectral techniques for embedding and clustering[R]. The 14th International Conference on Neural Information Processing Systems: Natural and Synthetic, 2001.

[9] Gori M, Monfardini G, Scarselli F. A new model for learning in graph domains[R]. IEEE International Joint Conference on Neural Networks, 2005.

[10] Rendle S. Factorization machines[R]. IEEE International Conference on Data Mining, 2010.

[11] He X N, Chua T S. Neural factorization machines for sparse predictive analytics[R]. The 40th International ACM SIGIR Conference on Research and Development in Information Retrieval, 2017.

[12] Rendle S, Freudenthaler C, Schmidt-Thieme L. Factorizing personalized Markov chains for next-basket recommendation[R]. The 19th International Conference on World Wide Web, 2010.

[13] Hidasi B, Karatzoglou A, Baltrunas L, et al. Session-based recommendations with recurrent neural networks[R]. The 4th International Conference on Learning Representations, 2016.

[14] Yang E, Liu T L, Deng C, et al. Distillhash: unsupervised deep hashing by distilling data pairs[R]. Conference on Computer Vision and Pattern Recognition, 2019.

第 2 章 多维度多尺度分类用户的精准画像

2.1 基于科技大数据的用户画像

2.1.1 研究背景

随着互联网和人工智能的发展,人们上网产生了大量数据,这些非结构化的数据蕴含着重要的信息,如用户的兴趣、属性、行为规律等。库伯等[1]最早提出用户画像这个概念,目标用户的各类描述信息有了更为具象的定义。在大数据时代,随着用户数据的不断积累,用户画像逐渐成为数据科学的重要应用之一。用户画像建模是一种重要的大数据应用技术,利用系统中用户的历史数据,以及各类模型对用户的描述信息,如个人属性、行为偏好、个人以及群体特性进行标签化预测。在基于相关数据对用户建模的过程中,目标是得到用户行为的具体描述,本质上是通过自动化的手段对用户个人信息进行高度提炼。用户画像概念提出后,在网络执法、人口统计、信息个性化推荐等方面有重大意义,并且在商业[2]、医疗[3]和金融[4]等多个领域得到了成功应用。但在科研学术领域,建立科研人员"画像"的相关工作还处于初步的探索性阶段。

互联网的高速发展正在不断地改变人们的生活,科学大数据也在蓬勃发展。根据 DBLP(Digital Bibliography & Library Project,数字书目与图书馆项目)官网的介绍,截止到 2019 年 1 月,DBLP 网站已经索引了超过 440 万种出版物,超过 220 万名作者的信息,截至 2018 年 10 月,中国科研人员共发表国际论文 227.22 万篇,我国作者作为第一作者的国际合作论文共计 67 902 篇[5],我们很难在海量信息中直接获取我们想要的信息,用户需要花费大量的时间和精力甄选其感兴趣的学者。科研社交网络为科研人员的研究工作提供了良好的支撑平台,用户如何更好地获取学术资源,如何促进用户与潜在合作学者的交流是当前平台所面临的主要问题,而建立基于学者的推荐技术则有助于解决此类问题。学者推荐的一个重要方向是寻找研究领域或者潜在研究兴趣具有相关性的学者,但是要想找到拥有相似研究方向或者研究兴趣的学者,离不开用户画像构建技术,通过分析不同维度上学者的特征属性,挖掘不同尺度下学者的不同表现特点,进而对学者进行描述和分类,利用信息化推荐技术促进有着潜在相似研究兴趣或研究方向的学者间的交流,推动科学研究的发展。

用户画像建模旨在通过系统中用户的历史数据，使用模型推测用户的个人属性信息。不同的属性划分角度，用户的个人描述也存在很大的差别。从时间的角度，用户的特征数据可以分为静态信息和动态信息[6]。静态信息是与用户个人相关的相对稳定的信息，如性别、年龄、教育背景等人口统计学信息；动态信息是用户长短期兴趣、个人偏好、用户位置等可能变化的信息[7]。从用户情景属性角度，可以将用户画像的维度划分为人口属性、地理属性和兴趣属性[8]，如图 2-1 所示。

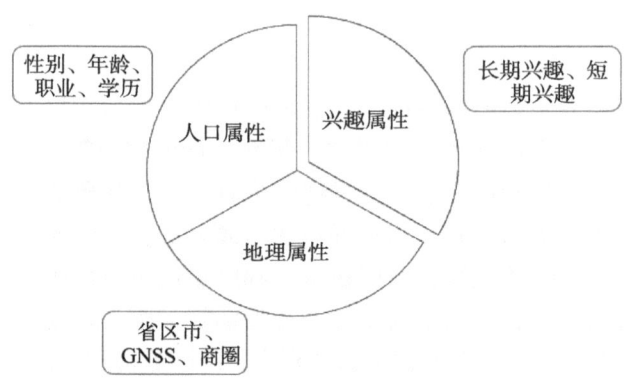

图 2-1　用户画像的属性维度划分
GNSS 表示全球导航卫星系统，global navigation satellite system

应用场景不同，挖掘用户的属性特征所采用的技术方案也存在很大的差异。de Campos 等[9]使用聚类技术对文本数据进行分析，通过建立专家画像来建立专家潜在兴趣主题之间的关联，有效地提高了各类下游任务的性能。范晓玉等[10]重点对科研人员的基础属性、研究偏好和科研社交关系这三种不同的信息源进行建模，提出了融合多源数据的科研人员用户画像构建方法。该方法可以帮助科研管理人员直观地了解科研人员的信息，及时反映其动态变化，提高相关科学评审以及合作交流的效率。刘海鸥等[11]通过隐含狄利克雷分布（latent Dirichlet allocation，LDA）主题模型对用户的兴趣话题进行计算，其建立的画像模型可在一定程度上发现用户的潜在兴趣。

1. 研究现状及相关技术

接下来我们介绍用户画像技术整体的发展现状。

用户画像根据表示形式的不同，通常分为两类：一是显式用户画像[12]，基于显式的用户画像使用统计和过滤的手段对用户数据中的关键词进行提取和筛选，得到的结果具有一定的解释性，但较为依赖专家知识；二是隐式用户画像，表现为将用户的特征信息通过机器学习的方法编码成一个低维稠密的向量表征，作为用户的属性表示，使得其与用户的个人信息和兴趣通过模型形成映射关系，相比于显式用户画像，隐式用户画像具有更加优秀的表达能力且不需要专家知识。显式用户画像主要是对用户属性进行抽取与加工，直接根据用户的直观属性特征（如年龄、性别、学校等）进行建模。显式用户画像技术策略相对直观，容易理解。Zhao等[13]对社交媒体中用户填写的个人信息进行处理，连续值进行区间划分，离散值进行统计，进而构建用户画像。王凌霄等[14]使用基于统计的方法，从用户资历、用户参与度、用户回答质量以及用户发展趋势四个方面构建社会化问答、社区用户画像，为用户层面的甄别提供帮助。

显式用户画像虽然易于理解和得到，但是加工方式过于简单导致得到的信息量不大，相比而言隐式用户画像包含更加丰富的隐藏信息。随着近年来表征学习的快速发展，使用诸如降维和深度学习之类的技术对低维嵌入中的特征进行自动编码的方法激增，隐式用户画像将用户嵌入定义为将高维空间中的原始用户特征映射到低维嵌入空间中的密集向量的函数，这样做的好处是模型能够同时执行潜在的特征学习和降维，帮助下游任务避免过拟合和提高性能。学习到的用户嵌入通常捕获了社交媒体上个人的基本特征。目前，基于隐式用户画像的构建主要分为两类：一是基于内容的用户画像技术；二是基于关系网络的用户画像技术。

现有的大多数研究都集中于文本内容，因此在基于内容的用户画像部分，我们将重点介绍基于文本内容的用户画像构建方法。以 GNN 为代表的图深度学习技术近年来取得了非常成功的发展并表现出了巨大的潜力，我们将重点介绍 GNN 在基于关系网络的用户画像中的应用。

2. 基于内容的用户画像技术

基于内容的用户画像构建方法一般使用主题模型对用户发布的内容信息进行建模，其出发点是认为用户的基本特征与其在系统中发布的内容的主题有较强关联，使用用户发布的内容作为训练特征对用户进行表征学习。现有的大多数主题模型方法都以用户发布的文本信息为特征信息，通过捕获文本中的关键内容和语言风格，来学习一个包含用户基本特征的向量表达。

我们将重点介绍不需要人工干预，可以自动学习的机器学习方法，主要分成两类：以 LDA 为代表的统计学习方法和以循环神经网络为主的最新神经网络方法。

1）LDA 的应用

LDA 是一种典型的词袋模型，它允许通过未观察到的潜在群体来解释观察集。在自然语言处理中，LDA 通常用于从大量文档中学习一组主题（潜在主题）。可以使用以下几种方法基于 LDA 的结果得出用户表示：①User-LDA，它将来自每个用户的所有帖子视为一个文档,然后训练 LDA 模型得出文档的主题分布。将文档的主题分布作为该用户的表达。②Post-LDA,它将每个帖子视为一个单独的文档,并训练 LDA 模型得出每个帖子的主题分布,然后对同一用户的所有主题分布向量进行聚合(如平均),以得出每个用户的表示。根据 Ding 等[15]的实验,Post-LDA 学习到的用户表达往往要优于 User-LDA 学习到的用户表达。一个可能的原因是不同帖子之间的主题往往大相径庭,将这些帖子放到一起学习可能难以学习出一个清晰的主题,而将每个帖子单独训练有助于缓解这一问题,这样更容易发现有意义的主题。

2)循环神经网络的应用

基于主题的方法忽略了帖子中单词的先后顺序以及用户账户中帖子的时间顺序。由于文本的顺序包含重要的信息,为了捕获单词和帖子之间的顺序关系,Zhang 等使用基于循环神经网络的模型的变体长短期记忆(long short term memory, LSTM)来学习用户的表达,在当时取得了较好的效果[16]。使用循环神经网络得到用户表示的步骤是:将用户的每个帖子看作一个文档,首先将文档中的单词通过词向量技术转换成稠密的向量;其次按照文档中的单词顺序将这些向量以序列的形式输入到一层循环神经网络中,得到整个帖子的向量表征;再次将每个帖子的向量表征根据用户发帖的时间顺序输入到一层新的循环神经网络中;最后得到该用户的向量表征。

在我们讨论的所有文本嵌入方法中,既有以预测为目标的深度学习(如 LSTM),也有基于统计学习的方法(如 LDA)。一些经验证据表明,在特征学习中,深度学习方法可能比基于统计学习的方法更具优势[17]。

3. 基于关系网络的用户画像技术

由于现实中的复杂因素,基于内容的文本特征难以准确抽取,基于内容的论文推荐效果也因此受到很大影响,并且其推荐内容依赖于学者的历史数据,缺乏多样性,无法提供学者可能有潜在兴趣的学术文献。根据 Luo 等[18]的调研和 Xiao 等[19]的实验分析,大数据中的关系信息更加重要,具有相似特征的用户往往拥有更加紧密的关系。基于关系网络的用户嵌入的目标是将非常大的关系网络映射为低维的嵌入,利用图网络表示学习方法挖掘用户之间的关系信息,提升用户画像构建效果[20],以保留本地和全局拓扑的相似性。这些方法着重于学习捕获用户基本社交结构和用户关系的用户表示。三种广泛使用的网络嵌入方法是 DeepWalk[21]、Node2Vec[22]和 GCN[23]。

Perozzi 等[21]提出了一种基于随机游走思想的网络表示学习算法 DeepWalk,在图网络中进行随机游走采样,从而得到用户节点序列,将节点序列当成句子,利用 Skip-Gram 模型对用户节点序列进行向量化和特征学习,从而将图中的用户节点表示成低维、实值、稠密的向量，得到的向量包含用户之间的关系信息，这样的向量在向量空间中具有表示以及推理的能力，可以用于下游的具体任务中，如用户的属性推断。

Node2Vec 是 DeepWalk 的一种改进，与 DeepWalk 随机采样不同，Node2Vec 通过控制 BFS（breadth first search，宽度优先搜索）和 DFS（depth first search，深度优先搜索）的采样比例参数进行有偏的采样，可以更好地保留二阶和高阶邻近性[22]，对于采样得到的节点使用 Skip-Gram 模型学习顶点表示，即用户的表达。通过这种方式将用户的关系信息编码到用户的表达中，Do 等使用 Node2Vec 编码用户关系网络结构并预测用户的兴趣[24]。

2017 年，Kipf 和 Welling 对 ChebyNet 进行了简化，并结合卷积神经网络提出了一种十分有效的图半监督学习方法，成为当时主流的 GNN 方法[23]，以 GCN 为代表的空域 GNN 在建模关系方面表现出了巨大潜力。

2.1.2 模型介绍

本节中，我们以微软学术图 ogbn-mag 数据集为例说明在深度学习场景下如何运用模型学习用户表征，以及在用户画像问题中用户特征的学习过程。

ogbn-mag 数据集是由微软学术图谱（Microsoft academic graph，MAG）[5]的子集组成的异构网络。它包含四种类型的实体，其中有论文（736 389 个节点）、作者（1 134 649 个节点）、机构（8740 个节点）和研究领域（59 965 个节点）以及四种类型实体的有向关系。作者"隶属于"机构，作者"撰写"论文，论文"引用"论文，以及论文"具有"特定的研究领域。每篇论文使用 128 维的 Word2Vec 词向量进行初始化，而所有其他类型的实体均不具有语义特征，如图 2-2 所示。

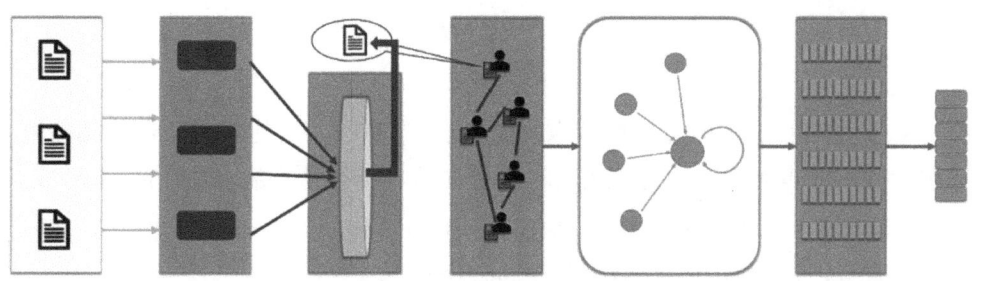

论文的嵌入表达　　线性变换　　共同发表关系网络　　图注意力神经网络　　用户表征　　预测结果

图 2-2　学术网络用户表征更新框架图

对于每个用户，我们收集他已发表的论文作为语义内容，将每篇论文通过自然语言处理的预训练模型转化成具有语义信息的文档向量，第 i 篇论文的语义向

量记为 s_i，为了从同一用户发表的论文中选择和学习更多的信息，我们设计了一个线性转换网络来为用户生成推文内容表示，公式如式（2-1）所示：

$$X = (s_1 \oplus s_2 \oplus \cdots \oplus s_t \oplus \cdots \oplus s_T) W_S \tag{2-1}$$

其中，T 表示每个用户下的固定文章数量，是我们设置的一个超参数。$W_S \in \mathbb{R}^{Td_e \times T}$ 是一个可学习的参数矩阵，用于将多个文档向量转化成一个一维向量，所有的用户节点的初始表征都为 X，是用户下的语义特征转化而来的，而 d_e 表示论文词向量的维度。

一篇论文一般同时有多个作者署名，这些作者之间具有共同发表关系，我们将作者视为节点，将共同发表关系视为边，构造一个共同发表关系的同质图，我们在这个图上使用 GNN 进行节点特征传播建模，对用户的表征信息进行更新。

GAT（graph attention network，图注意力网络）[25]在 GCN 的基础上引入了注意力机制，其中每个节点的信息中包含了来自其他邻域节点的最相关信息，并可以通过学习的注意力权重更新其自身的特征，这使模型能够专注于最具有信息量的特征，同时在网络信息传播过程中减轻了噪声。在这里，我们扩展了具有多头注意力的 GAT，在传播网络信息的内容特征的同时学习网络信息的结构表示。

具体来说，我们首先计算具有多头注意力的一对节点之间的相关系数，节点 u 和节点 v 的第 r 个头的相关系数 e_{vu}^r 的计算公式表示为

$$e_{vu}^r = \left(\sigma \left(\left[x_v W^r \| x_u W^r \right] a^{\mathrm{T}} \right) \right) \tag{2-2}$$

其中，$W^r \in R^{d \times d'}$ 表示第 r 个头的线性变换矩阵，用以将输入特征映射到一个相同维度的空间中，其中 d 表示节点特征维度，d' 表示映射空间维度；x_v 和 x_u 表示节点 v 和 u 的特征；$\|$ 表示向量间的拼接操作；$a \in R^{1 \times 2d'}$ 表示一个可学习的参数矩阵，作为模型中的注意力计算层；$\sigma(\cdot)$ 表示非线性激活函数。

$$\beta_{vu}^r = \frac{\exp(e_{vu}^r)}{\sum q \in N_v \exp(e_{vq}^r)} \tag{2-3}$$

其中，N_v 表示节点 v 的所有邻域节点；β_{vu}^r 表示节点 v 与其他邻域节点的相关值，系数越大代表节点越相关，相应地也将增加其节点特征传播的权值；e_{vq}^r 表示节点 q 和节点 v 的第 r 个头的相关系数。随后，根据节点间的关联系数对邻居节点特征进行加权融合，得到节点 v 在第 r 个头的融合表征 f_v^r：

$$f_v^r = \sum_{u \subseteq N_v} \beta_{vu}^r x_u \tag{2-4}$$

接下来，我们通过非线性转换对所有多头的特征求平均值，从而更新每个节点的表达：

$$x'_v = \text{LeakyReLU}\left(\frac{1}{R}\sum_{r=1}^{R}f_v^r W^r\right) \quad (2\text{-}5)$$

其中，LeakyReLU 表示一种激活函数；R 表示多头注意力中的多头数目；W^r 表示第 r 个头中线性变换的参数矩阵；节点更新后的表达记为 x'_v，被看作用户的最终表示特征，输入到预测器中预测最终的结果。

那么在实际用户画像问题中，用户特征是如何学习的呢？Rahimi 等使用 GCN 在关系网络数据集上对用户的地理位置进行了预测[26]，这是近些年来影响力较大的用户画像工作，下面简要介绍一下模型思路，如图 2-3 所示。

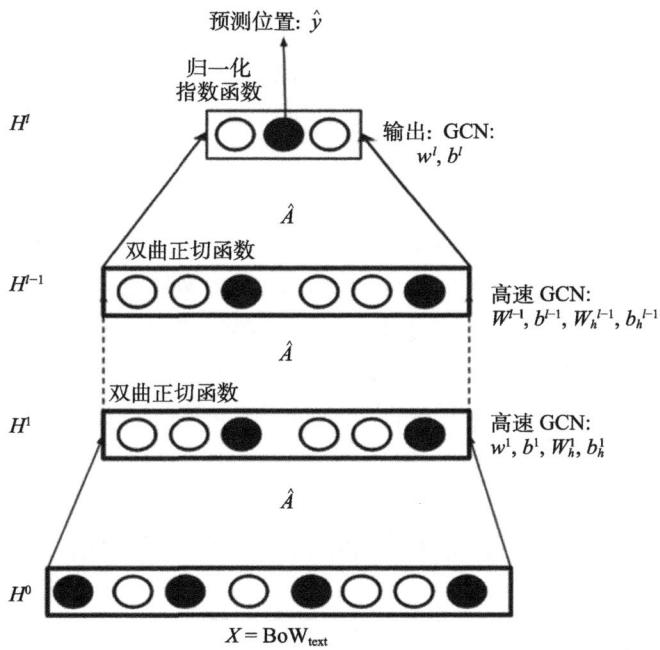

图 2-3　GCN 模型在预测用户位置属性上的应用[26]

（1）模型的输入是用户文本的内容，通过词袋模型对用户的内容进行编码，代表用户节点的初始状态表达，然后通过两层门控图卷积神经网络和一层 GCN 进行传播节点表征的建模，最后对节点表征作 softmax 分类，GCN 的公式如式（2-6）和式（2-7）所示：

$$\hat{A} = \tilde{D}^{-\frac{1}{2}}(A + \lambda I)\tilde{D}^{-\frac{1}{2}} \quad (2\text{-}6)$$

$$H^{(l+1)} = \sigma(\hat{A}H^{(l)}W^{(l)} + b) \quad (2\text{-}7)$$

其中，A 表示图的邻接矩阵；$\tilde{D}$ 表示度矩阵；I 表示单位矩阵；$\hat{A}$ 表示经过对称归一化的拉普拉斯矩阵；$W^{(l)}$ 和 b 表示第 l 层的权重矩阵和偏置值；$H^{(l)}$ 表示节点第 l 层的特征矩阵。

（2）高速 GCN 是在 GCN 的基础上增加了一个名为 Highway Gate 的门控机制，直观上理解就是让一部分数据经过下一层，另一部分跳过下一层，与残差连接有些相似，但是不同于残差连接，控制跳层数据量的系数是可以学习的，与 GCN 结合可以更好地控制噪声信息，计算公式如式（2-8）和式（2-9）所示：

$$T(\vec{h}^l) = \sigma\left(W_t^l \vec{h}^l + b_t^l\right) \tag{2-8}$$

$$\vec{h}^{l+1} = \vec{h}^{l+1} \circ T(\vec{h}^l) + \vec{h}^l \circ \left(1 - T(\vec{h}^l)\right) \tag{2-9}$$

其中，$\vec{h}^l$ 表示节点在第 l 层的特征；W_t^l 表示第 l 层的权重参数矩阵；b_t^l 表示第 l 层的偏置；$\sigma(\cdot)$ 表示非线性激活函数，如 ReLU；$T(\vec{h}^l)$ 表示第 l 层的门控系数。

2.1.3 小结

本节首先介绍当前科技大数据的背景，引入用户画像的概念并阐明了构建用户画像的意义，结合国内外研究现状对当前用户画像技术的发展进行了概括，根据表示形式的不同用户画像分为显式用户画像和隐式用户画像。其次重点介绍了隐式用户画像构建并将其概括为两类：一是基于内容的用户画像技术；二是基于关系网络的用户画像技术。最后从图表达学习的角度，讲述了模型在科研用户表征学习和用户画像中的应用。

2.2 基于科技大数据的用户画像动态更新

2.2.1 研究背景

在科技资源平台上，用户等实体总是在不断地发生变化。例如，研究人员会不断地发表论文，其感兴趣的研究方向会随着时间发生变化。这种动态变化不断地发生在科技资源平台的各个位置，使得用户、属性、对象之间的结构变化相互影响，如何精准地从全局的角度建模这些结构变化给用户带来的影响是本节讨论的重点。

图结构充分表达了结构关系化的数据。通过使用图结构，研究者可以从关系结构中获取丰富的信息，如连接、聚类等。这些丰富的信息充分表达了用户不同层面的画像信息。在科技大数据平台下，图结构适合基于用户实体相互关系的结构建模。参考 2.1 节所讨论的基于图结构的用户画像方法，本节对科技大数据进行构图，将各个学者表达为科技大数据图中的节点，而其引著、合作关系则建模为图中的边。通过考虑场景中的动态变化，引入动态图表达学习，从而实现用户画像的动态更新。

目前的图表达学习研究主要集中在静态图表达学习上，即研究图节点的表达时只考虑静态图的情况。近年来流行的图表达学习方法主要有三种类型：基于矩阵分解的方法、基于随机游走的方法和基于 GCN 的方法。其中，基于矩阵分解的方法[26-29]，典型的案例是 Belkin 和 Niyogi[27]使用奇异值分解（singular value decomposition，SVD）节点表示，LINE 将分解策略应用于大尺度图表达学习[29]。一些图表达学习方法受到了随机游走策略的启发，包括 DeepWalk[30] 和 Node2Vec[31]。基于随机游走的方法将图形结构转换成大量的随机游走序列，这些序列可以用 Word2Vec 中的 Skip-Gram 模型方便地处理[32]。近年来，GCN 作为一类将神经网络推广到图结构数据的模型，受到了人们的广泛关注[33-37]。基于 GCN 的方法通常遵循同一种表达向量传播方式，其中一个节点的表达向量通过聚合其邻近节点[38]传播的消息来递归更新。在图表达向量传播方案中，基于 GCN 的方法在效率和有效性方面都有了很大的提高。

在科技大数据背景下，学者的新论文不断增加，引文网络也在不断丰富，并且学者随时可能改变自己的公司或感兴趣的领域。以动态的方式考虑图表达学习问题更符合现实的应用。一些关于动态图表达学习的方法[39-42]已经被提出，但它们主要关注的是图演化模式的挖掘，而忽略了效率问题。这些工作大多在动态图的每个时间片中采用传统的静态图表达学习的方法进行处理，然后考虑其在不同时间之间的动态变化关系。这些方法比以前的静态方法有更好的性能，但是每个时间节点都生成新的表达是十分耗时的，这些方法需要在每个时间节点不断地优化过程（如梯度下降或矩阵分解）来学习表达参数，在每个时间节点重复这些步骤会带来高复杂度。

时间复杂性主要来自两个方面。一方面，全局更新耗时，即某些方法会在每个时间步更新所有节点的表达向量；另一方面，再训练耗时，这意味着一些方法通过优化进度更新节点表达向量，如因式分解或随机梯度下降。通常图结构在短时间内不会发生剧烈变化，因此邻近时间节点之间的图表达存在较大的相似性。充分利用这样的相似性，可以减少上述两方面的时间消耗。通常在任何时候，图上的变化都是频繁而琐碎的，节点的表达向量变化不大，重新学习节点的表达向量不仅代价高，而且没有必要。因此，一些研究者试图避免重新计算所有的节点表示，直接关注变化明显的节点[43,30]。一些研究者为了避免再学习的过程，直接根据工作[44,45]的变化来更新之前的表达向量。遵循这些思想，研究人员考虑为传统的图表达学习方法设计增量算法。Zhang 等[45]将这些变化视为邻接矩阵的扰动，利用矩阵扰动理论提出了一种基于 SVD 增量版本的动态图表达学习方法，该方法不需要再训练过程。Du 等[46]给出了 LINE[29]的动态扩展版本,重点讨论了当图发生变化时如何更新 LINE 的表示,该方法在每个时间步只需要更新训练一小部分节点。然后 Hou 等[43]和 Yu 等[47]分别提出了 DynWalks 和 NetWalk 作为 DeepWalk[30]的动态版本,通过生成与图在每个时间步上的变化高度相关的新的随机游动序列来学习相应节点的更新信息。如上所述,这些工作将静态表达学习方法有效地扩展到动态环境。此外,一些研究者试图减少每个时间步骤下需要更新的节点表达,或者直接避免重新学习节点表达的过程,如因式分解或随机梯度下降。近年来,GCN 在图表达学习方面显示出了强大的能力,并有潜力对图进行增量处理[34]。因此,我们的目标是将 GCN 有效地扩展到动态环境中。

本节提出了一个高效的动态图卷积神经网络(dynamic graph embedding with graph convolutional network,DyGCN)[48]。它基于 GCN 的表达模型进行扩展,所有基于 GCN 的方法都适用于 DyGCN 的框架。本节设计了一个动态图卷积算子,它将 GCN 的表达传播方案推广到动态场景中,即沿着图结构传播动态变化信息,更新节点表达。其具体包括两个操作:计算邻居节点结构信息的变化和根据变化调整各个节点的表达向量。DyGCN 模型首先更新受影响最大的节点,然后将这些节点的表达改变量传播到下一阶的节点,并更新它们的表达。DyGCN 模型设计了两种不同的节点传播方式:高阶更新和频谱传播更新策略。前者效率更高,后者性能更精确。与其他动态图表达方法相比,这两种策略都减少了运行时间。本节在三个真实的数据集上进行实验,通过与其他方法和静态算法的比较,验证了该方法的有效性和时效性。

2.2.2 模型介绍

本节中,我们以高能物理理论(HEP-TH)数据集为例说明在作者合作推荐场景下如何运用 DyGCN 模型。该数据集包含 1993 年至 2003 年高能物理理论会议上的论文作者的合作关系。通过该数据集中已知的学者论文合作关系,采用 DyGCN 模型对未来的学者论文合作关系进行预测。首先,根据这些学者合作关系进行图结构构建。每个节点表示一个学者,其链接表示两者是否发生合作关系。令在 t 时刻,$G^t = \{V^t, E^t\}$ 表示该时刻的图结构,其中 V^t 和 E^t 分别是该时刻的节点集合和边集合。本节定义动态图的节点在任何时刻都包含在一个节点集合中,其最大数目为 n。在某个时刻不存在的节点被认为是一个孤立节点,这样的处理方式将任何一个节点的新增或删除看作新增或删除了某一条边。因此在下述模型中,只讨论模型中边的变化。本节定义了每一个稳定的节点的初始特征矩阵 X 以及一个在不断变化的邻接矩阵 $A^t = \{0,1\} \in R^{n \times n}$。此处的 X 为节点在最初时刻的属性特征,在不同的场景下有不同的定义,如在社交网络中表示性别,在推荐系统中表示商品的类别等。它们相对固定不变。$Z^t \in R^{n \times d}$ 表示 t 时刻的节点表达矩阵，其中的某一行记为 z^t，用于表示对应节点的表达。

直观上来讲，当一条链接发生的时候，一个节点的表达会趋向于获得相连的节点所包含的信息，如推荐系统中，如果一个用户购买了一个婴儿车，我们会认为，他在未来的一段时间内将更有可能购买一些婴儿用品。这就是"婴儿车"节点对该用户节点的影响。因此，我们更新策略的核心思想就是将新增的连接所带来的信息加给各个相关节点。连接关系发生改变的两个节点属于一阶被影响节点，一阶节点的邻居称为二阶被影响节点，以此类推，k 阶被影响节点则是与一阶被影响节点相距 k–1 次跳转的节点。DyGCN 先计算不同时间点下一阶被影响节点的表达变化，再将变化信息按照阶层顺序传递至每阶被影响的节点，进而对不同时间点下的特征进行更新。

GCN 每个时间戳的表达向量的更新策略如下所示。首先，获取不同时间点下图的连接结构状态以及初始的节点特征。其次，根据边的变化情况，将节点按影响距离分成不同的阶层。例如，图 2-4 中，若节点 v_1 和 v_2 之间的边连接关系发生改变，则这两个节点属于一阶被影响节点，v_1 和 v_2 的一阶邻居节点为二阶被影响节点，以此类推，k 阶被影响节点是与一阶被影响节点相距 k–1 次跳转的节点。最后，先计算不同时间点对应的特征变化，再将特征变化信息按照阶层顺序传递到每阶被影响节点，然后对不同时间点对应的特征进行更新。

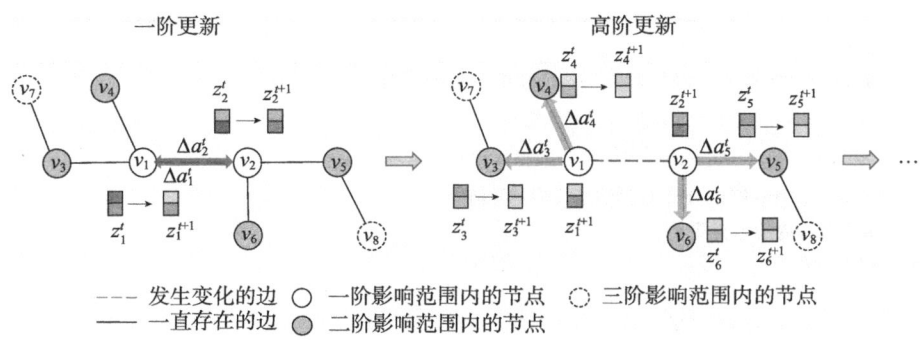

图 2-4 DyGCN 更新框架图[49]

一阶更新：不同时间点下的特征变化 Δa_v^t 为新出现的邻居节点造成影响的表达的总和减去消失的邻居节点造成影响的节点表达的总和，通过式（2-10）计算获得。

$$\Delta a_v^t = \sum_{u \in N^{t+1}(v) \cup v} z_u^t - \sum_{u \in N^t(v) \cup v} z_u^t \tag{2-10}$$

其中，u 表示 v 的邻居节点；$N^t(v)$ 和 $N^{t+1}(v)$ 分别表示节点 v 在时间步 t 和时间步 t+1 下的邻居节点；z_u^t 表示节点 u 在 t 时刻的向量表达。对于一阶被影响节点的表达向量，其更新方式如下：

$$z_v^{t+1} = \sigma\left(W_0 z_v^t + W_1 \Delta a_v^t\right) \quad (2\text{-}11)$$

其中，z_v^t 表示时间步 t 下的节点表达向量；z_v^{t+1} 表示时间步 $t+1$ 下的节点表达向量；W_0 表示节点自身状态转移的可学习参数，表示一阶到二阶被影响节点的信息转移参数；W_1 表示建模一阶邻居节点特征变化带来的影响；σ 表示 Sigmoid 函数。

高阶更新：对于高阶被影响节点，我们采取了基于空间域和频域的两种方法，高阶被影响节点为二阶及以上的被影响节点。基于空间域的更新方式与一阶被影响节点相似，k 阶被影响节点的表达向量需要根据 $k-1$ 阶节点表达向量的改变量进行更新：

$$z_v^{t+1} = \sigma(W_0 z_v^t + W_k a_v^t) \quad (2\text{-}12)$$

为便于计算，可将更新方式以矩阵的形式表示，如式（2-13）和式（2-14）所示：

$$Z_1^{t+1} = \sigma(\Delta \hat{A}^t Z^t W_1 + Z^t W_0) \quad (2\text{-}13)$$

$$Z_k^{t+1} = \sigma(\Delta \hat{A}^{t+1} \Delta Z^t W_k + Z^t W_0) \quad (2\text{-}14)$$

其中，Z_k^{t+1} 表示 k 阶被影响节点的更新；$\Delta Z^t = Z_{k-1}^{t+1} - Z_{k-2}^{t+1} Z_k^{t+1}$ 表示 k 阶被影响节点更新后引起的节点向量的改变量；W_0 表示节点自身状态转移的可学习参数；W_k 表示 k 阶被影响节点对于某个节点的影响的状态转移学习参数。总的来说，基于高阶空间域更新的 DyGCN 算法流程图如图 2-5 所示。

算法 1 DyGCN

Require: $G^t = \{V^t, E^t\}, G^{t+1} = \{V^{t+1}, E^{t+1}\}$：$t$ 和 $t+1$ 时刻的图结构
$Z_t = \{z_v^t, v \in V^t\}$：$t$ 时刻的节点表达矩阵
$\{W_0, W_1, W_2, \cdots, W_K\}$：可训练学习的参数矩阵

Ensure: $Z^{t+1} = \{z_v^{t+1}, v \in V^t\}$：$t+1$ 时刻的节点表达矩阵

1: // 一阶影响范围内的节点更新
2: for $v \in V_1^t$ do
3: $\quad \Delta a_v^t = \sum_{u \in \mathcal{N}^{t+1}(v) \cap v} z_u^t - \sum_{u \in \mathcal{N}^t(v) \cap v} z_u^t$
4: $\quad z_v^{t+1} = \sigma(W_0 z_v^t + W_1 \Delta a_v^t)$
5: end for
6: // 高阶被影响节点的更新
7: for $k \in [2, \cdots, K]$ do
8: $\quad$ for $v \in V_k^t$ do
9: $\qquad \Delta a_v^t = \sum_{u \in \mathcal{N}^{t+1}(v) \cap v} (z_u^{t+1} - z_u^t)$
10: $\qquad z_v^{t+1} = \sigma(W_0 z_v^t + W_k \Delta a_v^t)$
11: $\quad$ end for
12: end for

图 2-5 基于高阶空间域更新的 DyGCN 算法流程图[49]

基于频域的动态图表达学习如下。基于空间域的更新方式无法普及全部节点，这使得基于空间域的图卷积方法只能孤立地思考单个边的变化对于全图的影响，无法考虑所有边的变化带来的全局性更新。而这在空间域的角度是十分复杂的，因此，针对高阶更新，本节提出了基于频域的全局信息传递方式。采用谱域卷积方法对高阶被影响节点的表达向量进行更新，考虑到基于空间域的更新方式无法普及全部节点，所以设计了这种整体更新的方式，根据谱域卷积与切比雪夫多项式的近似原理，设计的更新方式如式（2-15）所示：

$$Z^{t+1} = W_s \left(I_N + D^{-\frac{1}{2}} A D^{-\frac{1}{2}} \right) Z^{t+1} \tag{2-15}$$

其中，Z^{t+1} 表示各个节点的特征表达；W_s 表示近似频域卷积的参数；I_N 表示单位矩阵；D 表示图的度矩阵；A 表示图的邻接矩阵。基于频域更新的 DyGCN 模型算法流程如图 2-6 所示。

算法 2 谱域 DyGCN

Require: $G^t = \{V^t, E^t\}, G^{t+1} = \{V^{t+1}, E^{t+1}\}$：时间 t 和 $t+1$ 下的图

　　　　$Z_t = \{z_v^t, v \in V^t\}$：$t$ 时刻的节点表达矩阵

　　　　$\{W_0, W_1, W_2, \cdots, W_K\}$：可学习的转移矩阵

Ensure: $Z^{t+1} = \{z_v^{t+1}, v \in V^t\}$：$t+1$ 时刻的节点表达矩阵

1: //一阶影响范围内的节点更新
2: for $v \in V_1^t$ do
3: 　　$\Delta a_v^t = \sum_{u \in \mathcal{N}^{t+1}(v) \cap v} z_u^t - \sum_{u \in \mathcal{N}^t(v) \cap v} z_u^t$
4: 　　$z_v^{t+1} = \sigma(W_0 z_v^t + W_1 \Delta \cap a_v^t)$
5: end for
6: //更新信息在全图中的传播
7: 　　$Z^{t+1} = W_s \left(I_N + D^{-\frac{1}{2}} A D^{-\frac{1}{2}} \right) Z^{t+1}$

图 2-6　基于频域更新的 DyGCN 模型算法流程[49]

训练策略如下。根据最终获得的不同时间点下的每阶被影响节点的表达，通过图重构误差进行 DyGCN 模型训练以达到最优效果。DyGCN 模型采用无监督训练的方式进行训练，针对结构保持的损失函数为

$$L = -\sum_t \sum_v \left(\log\left(\sigma\left(z_v^{\mathrm{T}} z_u\right)\right) + \log\left(-\sigma\left(z_v^{\mathrm{T}} z_{u^-}\right)\right) \right) \tag{2-16}$$

其中，u 表示 v 的邻居节点；u^- 表示随机点；σ 表示 sigmoid 函数。式（2-16）也可以根据特定下游任务的需要进行监督训练，只需添加对应的损失函数项即可。

2.2.3 小结

本节关注如何在科技资源平台下实现用户画像的动态高效更新。本节从图表达学习的角度，将用户动态画像更新问题转化为动态图高效表达更新问题。本节所提出的 DyGCN 模型结合了 GCN 模型表达的思想，并将其运用到动态场景下极大地提升了动态节点表达更新的效率。其核心思想在于将动态图的改变量通过图卷积的形式传播到图的相关位置，并进行表达更新。与改变的边直接相关的节点最先更新，接着将这些改变量传播到全图中。本节提出了两种更新方式，即高阶更新和频域传播法。

2.3 用户画像的聚类分析

2.3.1 研究背景

随着我国科技创新事业的不断发展，科技大数据用户主体的多样性大大增加。科技大数据的管理和使用由早先的以科研院所为主体，转变为科研院所、科创基地、高新企业、科技管理机构等多种组织共同参与。除此之外，这些科技机构所处的行业、所处的产业链位置、具有的市场地位、承担的科研任务多种多样，它们对科技大数据和科研业务的需求各有特色，这给科技大数据服务的设计和实现提出了很高的技术要求。为了动态、高效地为科技机构提供服务，抓住科技用户的真实需求，科技大数据系统需要具有深入拆分、理解和挖掘这些主体的用户画像的共性特征的能力，使得其所提供的各项科技大数据业务是可拆分、可组合、可共享的。其中，面向用户画像的聚类分析是挖掘共性需求的一条至关重要的技术路线。

2.3.2 聚类分析

聚类分析（clustering analysis）作为无监督学习的一类代表性方法，在数据科学领域应用十分广泛。聚类的主要思想是按照一定的标准将大量数据聚类成不同的簇，使得同一数据簇中的数据具有相似的属性和特征，同时，使不同簇中的数据的差异性尽可能大，在科技大数据服务场景下，即将具有相似属性的用户画像分到同一簇中。这样的分组可以使科技大数据的业务设计有的放矢，并在后续的运行过程中为新用户主动地推送具有相似业务需求的分组。基于聚类分析的用户画像分析技术不依赖第三方的标注数据，整个数据分析过程自发可扩，这大大降低了分析过程中对人工参与的需求。这一技术路线主要包含用户画像的数值化转换、特征归一化以及特征聚类三个过程,具体介绍如下。

首先,需要进行用户画像的数值化转换。为了使用聚类算法,需要对异常值、缺失值、重复值等进行修正,对数据中的非数值化标签进行数值化处理。对于定序型标签,我们可以使用序号编码,为定序型标签赋予存在大小关系的数值。如用户对某科技话题的关注度存在高、中、低三档,可将关注度高赋值为3,中为2,低为1。对于定类型标签,可以利用独热(one-hot)编码将类别ID转化为多维的稀疏向量,假设用户的科研单位属性包括院所、企业、管理机构三类,则可将院所编码为(1, 0, 0),企业为(0, 1, 0),管理机构为(0, 0, 1)。对于字符串型标签,可以使用词袋模型(bag of words model)、TF-IDF(term frequency-inverse document frequency,词频–逆文本频率指数)等对其中的词汇进行表征。目前较为先进的方法还包括词嵌入向量(word embedding),即借助外部语料训练的语言模型提取关于字符串的嵌入向量。借助上述手段,用户画像的标签数据均可转化为数值化的特征向量。

其次,为了消除数值特征之间的量纲影响,需要对特征向量进行归一化处理,使得不同指标间存在可比性。归一化的方法通常有线性函数归一化(min-max scaling)和零均值归一化(Z-score normalization)两种。前者将数值缩放到0和1之间并映射到线性空间中;后者将数值缩放到均值为0、方差为1的正态空间中。这样,就使得系统在度量用户画像的相似度时,不会因为个别特征在量纲上的数值优势而影响整体的相似度判断。在实际的大数据服务中,用户画像提取的特征常常为大量的高维向量,对这些高维数据进行聚类处理和分析会极大地消耗系统的计算资源和时间。针对这一问题,可以使用主成分分析[48](principle component analysis,PCA)技术来降低系统的算力需求。PCA算法采用矩阵分解的思想,使高维向量投影后在选定的投影方向上数据方差最大,从而实现高维稀疏向量的降维和压缩。

最后,科技大数据系统基于归一化的用户画像特征,利用高效的聚类算法进行共性分析。目前比较流行且实用的算法主要是基于原型的聚类(prototype-based clustering)算法,而 K-Means[50]则是其中最具代表性的算法之一。K-Means的聚类步骤概括如下:假定我们对 N 个样本做聚类,聚为 K 类,首先选择 K 个点作为初始中心点。

(1)按照距离初始中心点最近的原则,把所有样本点划分到各中心点所在的类中。

(2)每类中有若干个样本点,计算 K 个类中所有点的均值作为下次迭代的 K 个中心点。

(3)根据这个中心重复第(2)、(3)步,直至收敛(中心点不再改变或达到指定的迭代次数）。

在聚类过程中，聚类中心的数量和初始化对聚类的结果有较大影响。适度的人工干预可以为用户画像的聚类提供更高质量的初始化参数。在实际的用户画像分析中，我们可以挑选典型行业的典型用户（如各行业中的龙头研发企业和重点研究院所）作为初始化的聚类中心，利用这些具有代表性的数据挖掘用户更为核心的需求。在聚类中心数量的选择上，K 值设置得越大，样本划分得越细，每个聚类簇的聚合程度越高。确定 K 值的主流方法是肘部法，在聚类中心数量和簇内距离误差的曲线中，选取下降速度由快转慢的位置对应的数值作为 K 的数值。

在非人工干预的情况下，也可以引入一些基于自适应准则的聚类算法，动态地选取聚类中心的个数和生成聚类中心。例如，基于近邻传播[51]（affinity propagation）的聚类算法，该算法将全部样本点作为网络的节点，根据网络中各条边的可靠性（responsibility）和可行性（availability），迭代更新每一条边的数值，直至产生 K 个质心，同时将其余点分配到相应的聚类簇中。

用户画像的聚类分析实质上是一个归纳分析的过程。它可以使科技大数据的服务提供者和维护者对用户有一个更为明晰的归类，使各项业务的设计与科技大数据的推送有迹可循，从而为科技大数据服务提供一种高效率、高质量的研判分析工具。

2.4　基于用户画像的图谱构建

2.4.1　研究背景

科技大数据平台的用户画像，大多基于用户注册时提供的静态信息。由于这些信息存在注册表单变更、填写偏差和信息的非必填性，因而大多数用户画像信息的维度和完成度是不一样的。其中，用户信息的不一致性给面向用户的个性化推荐服务带来了较高的技术难度。基于数据关联的图谱技术是这一问题的解决方案，它可以借助图谱中的语义结构对用户数据进行多跳关联，使得相关用户的个性化推荐信息可以共享，从而实现用户数据在图谱中的流动。同时，基于用户画像的图谱还可以为新用户提供即时的推送服务，借助相关用户的过往信息，在冷启动时第一时间给新用户提供可靠的个性化服务。基于用户画像的图谱构建主要包括图谱建模、信息抽取、信息融合、图谱计算等多个环节，这是一个信息迭代更新的过程，如图 2-7 所示。不同于一般的科技大数据知识图谱，基于用户画像的图谱是指对科技大数据平台中的用户画像信息进行图谱化存储，同时与科技大数据知识图谱进行动态关联，实现多层次的个性化服务，使得系统可以在科技大数据的检索和推送过程中获取用户个性化的信息和知识。

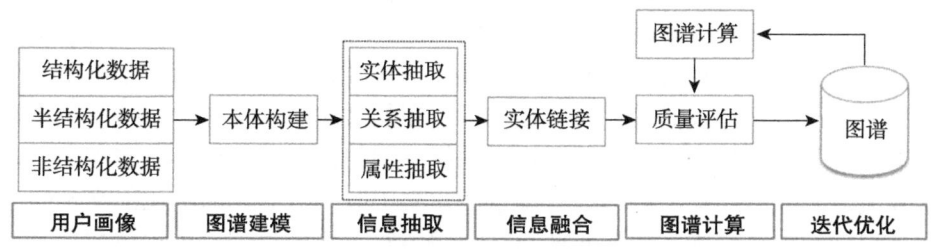

图 2-7 基于用户画像的图谱构建流程

2.4.2 信息建模

信息建模是指基于科技大数据服务的数据特点和实际需求，依据知识图谱的模式对用户画像数据进行数据库模式（Schema）的抽象和建模。其主要工作是对数据描述中涉及的实体（entity）、关系（relation）和属性（attribute）进行定义和划分。实体包括科技用户的单位、行业、学科、发表过的文献、参与过的学术会议、组织过的学术活动、合作过的科研项目等可以具象化的信息。关系包括学者与学者间的合作关系、学者与文献间的发表关系、学者与科研活动间的参与关系、学者与学科间的联系、学者与机构间的从属关系、科研机构与学科间的联系、科研机构与科研机构间的从属关系、科研机构与科研机构间的合作关系等。这一系列的关系主要围绕科技用户、科技大数据、科技活动这三者展开，涵盖了科技主体间的核心交互过程。属性的概念，在科技大数据中，主要指无法成为实体的孤立节点或者大量存在的对实体的特征描述，如个体用户的年龄层次、科研偏好、担任的职责等，以及科研机构的研究人员数量、经济规模等。在本体构建的过程中，除了参考现有用户画像的信息外，还要征询相关科研方向、相关科技产业、相关科研人员的意见和需求，使本体的构建尽可能地符合真实的业务场景，从而满足后期信息存储和利用的实际需求。

2.4.3 信息抽取

信息抽取是指借助小批量的标注数据，利用算法实现自动化的信息抽取，从而将结构化、半结构化的信息更新到图谱中。其中，对小批量用户画像的标注是信息抽取过程中非常重要的工作之一，它为后期的算法优化提供初始化数据，直接影响最终图谱构建的可靠性和完整度。而在后期的信息抽取过程中，由于数据量庞大，必须借助自动化的实体、关系、属性抽取技术，对用户画像中的结构化、半结构化和非结构化这三类信息进行抽取和整合。结构化信息主要指用户在注册时选取的标签信息，这些内容多有限定的选择范围，系统可以轻松地对其进行抽取和存储。而对于一些半结构化、非结构化的信息，主要包括用户填写的个人简介、单位简介、工作经历，以及所发表文献的摘要、科技活动简介中出现的实体及其关系，这些实体及其关系都隐藏在所填写的文本中。实体关系抽取是文本分析中的经典任务，特征工程、核方法、图模型都曾被广泛应用。随着深度学习的快速发展，神经网络模型成为信息抽取的重要工具。对于非结构化的文本信息，可以使用循环神经网络、特征变换网络[52]等方法，实现对句子中实体与关系的序列识别。由于真实场景中关系与实体的长尾分布特点受到标注数据规模的限制，因而可用的标注样例难以大规模获取。针对这一类数据，可以借助少样本学习（few-shot learning）算法，利用从过往数据中学习到的泛化知识，结合少量的训练样本，实现迁移学习，以发现那些不常见的科技实体与关系。借助上述算法，在获取科技信息抽取模型后，可将用户画像中的信息提炼为（实体1，关系，实体2）和（实体，关系，属性）这样两类三元组数据，以供后续图谱构建中的数字化关联使用。

通过信息抽取，可以从用户画像数据中得到实体、关系和属性信息，然后通过信息融合对数据进行实体链接和知识合并。实体链接（entity linking），即将文本中对某一实体的表述链接到图谱具体的实体中，即多对一的链接过程。如"中科院"和"中国科学院"两者应为同一实体。在链接过程中，实体消歧也是十分重要的一环。如"继承"这一技术概念，在生命科学和计算机科学领域实质上为两个不同的技术点，算法需要考虑实体的上下文环境，对实体在图谱中的位置进行消歧和链接。现有的消歧算法，主要有基于排序（rank）的算法、基于条件概率的算法以及图模型等，主要思路是确定当前文本中的内容与图谱哪一个实体在概率空间中更为接近。

2.4.4 构建基于用户画像的知识图谱

在完成上述信息建模、信息抽取和信息融合操作后，即完成了从原始数据到一个初步的基于用户画像的图谱的构建。在整个构建过程中，引入了大量启发式和最优化算法，这些算法都是基于自动化或半自动化的解决方案，难以做到对数据完全正确地描述。因此，我们还需要借助图谱计算，即在真实场景下对这些图谱数据进行应用，借助应用中的反馈信息对图谱进行进一步的调整优化。首先要对图谱中信息的可信度进行量化，通过舍弃置信度较低的用户画像信息来保障图谱的质量。其次，利用新数据或者修正后的数据对图谱中的节点进行更新，包括本体层的更新和数据层的更新。最后，借助图谱计算中的反馈，对图谱进行迭代的优化更新，从而完成基于用户画像的图谱的完整构建。

在实际的使用过程中，科技大数据服务系统需要协同建立和使用基于用户画像的图谱以及基于科技大数据的知识图谱。在个性化的推荐中，将上层的用户画像图谱和下层的知识数据图谱相关联，提供知识引导、千人千面的科技大数据检索和推送服务。

参 考 文 献

[1] 库伯 A，等. About Face 4：交互设计精髓[M]. 倪卫国，刘松涛，薛菲，等译. 北京：电子工业出版社，2015.

[2] Baldassarre B, Calabretta G，Bocken N M P, et al. Bridging sustainable business model innovation and user-driven innovation: a process for sustainable value proposition design[J]. Journal of Cleaner Production, 2017, 147: 175-186.

[3] Cios K J, Moore G W. Uniqueness of medical data mining[J]. Artificial Intelligence in Medicine, 2002, 26: 1-24.

[4] 孙晔，杨照东，陈德华. 大数据用户画像技术在商业银行的应用[J]. 数字通信世界，2016，(9)：86-88.

[5] 中国科学技术信息研究所. 2017 年度中国科技论文统计与分析[J]. 科学，2018，70（6）：57-59.

[6] 曾鸿，吴苏倪. 基于微博的大数据用户画像与精准营销[J]. 现代经济信息，2016，(16)：306-308.

[7] Lainé-Cruzel S, Lafouge T，Lardy J P, et al. Improving information retrieval by combining user profile and document segmentation[J]. Information Processing & Management, 1996, 32(3): 305-315.

[8] 刘海鸥，孙晶晶，苏妍嫄，等. 基于用户画像的旅游情境化推荐服务研究[J]. 情报理论与实践，2018，41（10）：87-92.

[9] de Campos L M，Fernández-Luna J M，Huete J F, et al. Automatic construction of multi-faceted user profiles using text clustering and its application to expert recommendation and filtering problems[J]. Knowledge-Based Systems, 2020, 190: 105337.

[10] 范晓玉，窦永香，赵捧未，等. 融合多源数据的科研人员画像构建方法研究[J]. 图书情报工作，2018，62（15）：31-40.

[11] 刘海鸥，孙晶晶，苏妍嫄，等. 国内外用户画像研究综述[J]. 情报理论与实践，2018，41（11）：155-160.

[12] 王锐杰. 基于多源信息融合的科研学者画像及应用研究[D]. 成都：电子科技大学，2020.

[13] Zhao W X, Li S，He Y L, et al. Exploring demographic information in social media for product recommendation[J]. Knowledge and Information Systems, 2016, 49（1）：61-89.

[14] 王凌霄，沈卓，李艳. 社会化问答社区用户画像构建[J]. 情报理论与实践，2018，41（1）：

129-134.

[15] Ding T, Bickel W K, Pan S M. Multi-view unsupervised user feature embedding for social media-based substance use prediction[R]. Conference on Empirical Methods in Natural Language Processing, 2017.

[16] Zhang W, Wang W, Wang J, et al. User-guided hierarchical attention network for multi-modal social image popularity prediction[R]. World Wide Web Conference, 2018.

[17] Baroni M, Dinu G, Kruszewski G. Don't count, predict! A systematic comparison of context-counting vs. context-predicting semantic vectors[R]. The 52nd Annual Meeting of the Association for Computational Linguistics, 2014.

[18] Luo X Y, Qiao Y Q, Li C L, et al. An overview of microblog user geolocation methods[J]. Information Processing & Management, 2020, 57（6）：102375.

[19] Xiao Z P, Song W P, Xu H Y, et al. TIMME: twitter ideology-detection via multi-task multi-relational embedding[R]. The 26th ACM SIGKDD Conference on Knowledge Discovery and Data Mining, 2020.

[20] 涂存超，杨成，刘知远，等. 网络表示学习综述[J]. 中国科学：信息科学，2017，47（8）：980-996.

[21] Perozzi B, Al-Rfou R, Skiena S. DeepWalk: online learning of social representations[R]. The 20th ACM SIGKDD International Conference on Knowledge Discovery and Data Mining, 2014.

[22] Grover A, Leskovec J. Node2Vec: scalable feature learning for networks[R]. The 22nd ACM SIGKDD International Conference on Knowledge Discovery and Data Mining, 2016.

[23] Kipf T N, Welling M. Semi-supervised classification with graph convolutional networks[Z]. arXiv preprint arXiv, 2016: 1609.02907.

[24] Do T H, Nguyen D M, Tsiligianni E, et al. Twitter user geolocation using deep multiview learning[R]. International Conference on Acoustics, Speech and Signal Processing, 2018.

[25] Lian J X, Zhou X H, Zhang F Z, et al. xDeepFM: combining explicit and implicit feature interactions for recommender systems[R]. The 24th ACM SIGKDD International Conference on Knowledge Discovery and Data Mining, 2018.

[26] Rahimi A, Cohn T, Baldwin T. Semi-supervised user geolocation via graph convolutional networks[R]. Annual Meeting of the Association for Computational Linguistics, 2018.

[27] Belkin M, Niyogi P. Laplacian eigenmaps and spectral techniques for embedding and clustering[R]. The 14th International Conference on Neural Information Processing Systems: Natural and Synthetic, 2001.

[28] Cao S S, Lu W, Xu Q K. GraRep: learning graph representations with global structural information[R]. The 24th ACM International on Conference on Information and Knowledge Management, 2015.

[29] Tang J, Qu M, Wang M Z, et al. LINE: large-scale information network embedding[R]. The 24th International Conference on World Wide Web, 2015.

[30] Tu C C, Zhang W C, Liu Z Y, et al. Max-margin DeepWalk: discriminative learning of network representation[R]. International Joint Conference on Artificial Intelligence, 2016.

[31] Grover A, Leskovec J. Node2Vec: scalable feature learning for networks[R]. The 22nd ACM SIGKDD International Conference on Knowledge Discovery and Date Mining, 2016.

[32] Mikolov T, Sutskever I, Chen K, et al. Distributed representations of words and phrases and their compositionality[R]. The 26th International Conference on Neural Information Processing Systems, 2013.

[33] Gori M, Monfardini G, Scarselli F. A new model for learning in graph domains[R]. International Joint Conference on Neural Networks, 2005.

[34] Hamilton W L, Ying R, Leskovec J. Inductive representation learning on large graphs[R]. The 31st International Conference on Neural Information Processing Systems, 2017.

[35] Li Q, Han Z, Wu X M. Deeper insights into graph convolutional networks for semi-supervised learning[R]. Association for the Advancement of Artificial Intelligence, 2018.

[36] Scarselli F, Gori M, Tsoi A C, et al. The graph neural network model[J]. IEEE Transactions on Neural Networks, 2009, 20（1）: 61-80.

[37] Xu K, Hu W H, Leskovec J, et al. How powerful are graph neural networks?[R]. International Conference on Learning Representations, 2019.

[38] Yao L, Mao C S, Luo Y. Graph convolutional networks for text classification[R]. The 33rd Association for the Advancement of Artificial Intelligence Conference on Artificial Intelligence, 2019.

[39] Goyal P, Kamra N, He X R, et al. DynGEM: deep embedding method for dynamic graphs[R]. International Joint Conference on Artificial Intelligence, 2017.

[40] Sanka A, Wu Y H, Gou L, et al. Dynamic graph representation learning via self-attention networks[R]. International Conference on Learning Representations, 2019.

[41] Tang L, Liu H A, Zhang J P, et al. Community evolution in dynamic multi-mode networks[R]. The 14th ACM SIGKDD International Conference on Knowledge Discovery and Data Mining, 2008.

[42] Zhou L K, Yang Y, Ren X, et al. Dynamic network embedding by modeling triadic closure process[R]. The 32nd AAAI Conference on Artificial Intelligence, 2018.

[43] Hou C B, Zhang H, Tang K, et al. DynWalks: global topology and recent changes awareness dynamic network embedding[Z]. arXiv preprint 2019, arXiv: 1907.11968.

[44] Trivedi R, Farajtabar M, Biswal P, et al. Dyrep: learning representations over dynamic graphs[R]. International Conference on Learning Representations, 2019.

[45] Zhang Z W, Cui P, Pei J, et al. TIMERS: error-bounded svd restart on dynamic networks[R]. The 32nd AAAI Conference on Artificial Intelligence, 2018.

[46] Du L, Wang Y, Song G J, et al. Dynamic network embedding: an extended approach for Skip-Gram based network embedding[R]. The 27th International Joint Conference on Artificial Intelligence, 2018.

[47] Yu W C, Cheng W, Aggarwal C C, et al. NetWalk: a flexible deep embedding approach for anomaly detection in dynamic networks[R]. The 24th ACM SIGKDD International Conference on Knowledge Discovery and Data Mining, 2018.

[48] Cui Z Y, Li Z K, Wu S, et al. DyGCN: dynamic graph embedding with graph convolutional network[Z]. arXiv: 2104.02962, 2021.

[49] Wold S, Esbensen K, Geladi P. Principal component analysis[J]. Chemometrics and Intelligent Laboratory Systems, 1987, 2: 37-52.

[50] Macqueen J. Some methods for classification and analysis of multivariate observations[R]. The 5th Berkeley Symposium on Mathematical Statistics and Probability, 1967.

[51] Frey B J, Dueck D. Clustering by passing messages between data points[J]. Science, 2017, 315（5814）: 972-976.

[52] Vaswani A, Shazeer N, Parmar N, et al. Attention is all you need[R]. The 31st International Conference on Neural Information Processing Systems, 2017.

第3章　基于图神经网络模型的科技资源精准推荐

3.1　基于图神经网络的特征交互建模

3.1.1　研究背景

特征交互建模是科技资源精准推荐中一个非常重要的问题，它对于许多网络应用也非常重要。与图像和音频中常见的连续型特征不同，科技资源推荐系统中用户和科技资源的特征大多是稀疏的和类别型的。挖掘有效的特征组合，合理地建模特征交互是精准的科技资源分配的关键。

关于特征交互建模的研究十分广泛。在早期的工作中，FM[1]是一种有效并被广泛应用的模型。FM 通过嵌入向量的内积对特征之间的二阶交互进行建模，将特征嵌入到潜在空间中。同时 FM 的原始工作中引入了建模高阶特征交互的变体，但需要较高的计算复杂度。随着深度神经网络在各个领域的成功应用，研究人员开始使用深度神经网络学习高阶特征交互。目前已经有一些深度神经网络方法，可以隐式地建模特征交互[2-9]，然而这种黑盒模型往往缺乏解释性，也难以有效地建模高阶特征交互。因此，设计能够显式高效地建模高阶特征交互的可解释性的网络模型是十分必要的。

当前的大部分工作之所以不能够灵活显式地建模特征交互，主要原因在于其固定的数据表达方式。如图 3-1（a）所示，当前的工作[2-9]通过将所有类别的特征域简单拼接输入到深度神经网络来建模它们之间的交互，这种无结构的表达方式

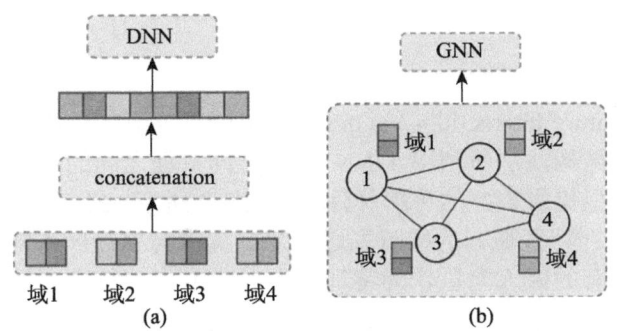

图 3-1　不同特征建模处理方式
DNN 是深度神经网络，deep neural network；concatenation 是拼接

限制了深度神经网络建模不同特征域之间交互的灵活性。目前，GNN 作为一类能够处理多种表达多个对象间复杂关系的数据结构的图模型，在计算机视觉、自然语言处理和数据挖掘等场景下取得了巨大成功。使用 GNN 模型建模高阶特征交互，具有一定的现实意义。

3.1.2 特征交互图神经网络

1. 简介

图可以描述多个对象之间的复杂结构关系，在生物信息学、化学、推荐系统、社会网络研究等方面有广泛的应用。由于图结构具有强大的表达能力，基于机器学习方法处理图结构数据的研究吸引了越来越多的注意。早期的研究通过将图结构数据转化成序列的形式处理它们，受 Word2Vec[10]的启发，DeepWalk[11]采用基于随机游走的策略学习图中节点的表达；Node2Vec[12]在此基础上采用有偏的随机游走来捕捉图中不同层次的结构关系。LINE[13]通过建模图中的一阶和二阶邻居信息来学习更好的节点表达。

随着深度神经网络技术的快速发展，GNN 作为一类建模图结构数据的深度学习模型被设计出来。GNN 的概念最早在工作[14]中被提出。简单来说，GNN 模型主要通过聚合邻居节点的信息并结合原始节点信息来更新节点表达。目前已经有多种 GCN 模型被设计出来，其中，门控 GNN[15]通过门控循环神经单元来更新节点表达；GCN[16]从频谱的角度构造了图卷积操作；GraphSAGE（graph sample and aggregate，图样与聚合）方法[17]从空域的角度考虑聚合并引入了多种聚合方式；GAT[18]在聚合过程中采用注意力机制衡量不同邻居的权重。

因为具有强大的表达能力和模型可解释性，GNN 已经在机器翻译、语义分割、图片分类、场景识别、推荐系统、时尚推荐等多个领域取得巨大成功。GNN 适合在图结构数据上建模多个对象之间的复杂高阶交互，因此我们采用 GNN 处理高阶特征交互。

2. 模型介绍

Fi-GNN（feature interactions via graph neural network）首次提出将多特征域的特征表达成图的结构，从而利用 GNN 捕捉不同特征之间的结构关系，并为科技资源推荐系统模型提供较好的可解释性。如图 3-2 所示，Fi-GNN 首先将输入的包含 m 个类别特征（特征域）的稀疏表达映射成稠密的独热嵌入向量，然后将得到的每个特征域独有的嵌入向量作为特征图中对应节点的特征表达。其中，每个节点对应一个特征域，不同的特征域通过边进行关联。从而，可以将建模特征交互的任务转换为在特征图上建模节点交互的任务。因此，将特征图输入到 Fi-GNN 中，对节点交互进行建模。最后在 Fi-GNN 的输出上应用一个注意层来估计点击率。下面将详细介绍 Fi-GNN,其主要包括域感知嵌入层、特征图、特征交互 GNN 层和注意力打分层。

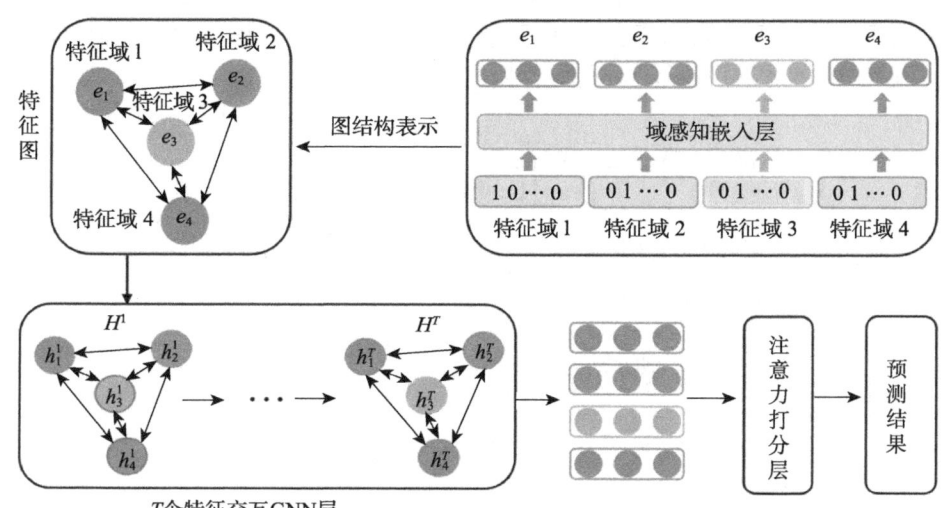

图 3-2 Fi-GNN 流程图[19]

(1) 域感知嵌入层。具有多个类别特征域的特征 x 通常是稀疏的,维度很大。根据以往的工作,我们将每个特征域表示为一个热编码向量,然后使用域感知嵌入层将其嵌入到低维、稠密的特征域嵌入向量中。这样就可以得到 m 个特征域的嵌入向量:

$$E = [e_1, e_2, e_3, \cdots, e_m] \tag{3-1}$$

其中,$e_i \in R^D$ 表示特征域 i 的嵌入向量,D 表示该特征域向量的维度。

(2) 特征图。与将特征域输入向量拼接在一起,并输入到模型中学习特征交互的方法不同,Fi-GNN 将特征域表示为图结构关系。特别地,它将每个输入的多特征域特征表示为一个特征图 $G=(N,E)$,其中每个节点 $n_i \in N$ 对应一个特征域 i,不同的特征域可以通过边进行交互。由于任意两个特征域间都有交互,因此图 G 是一个加权完全连通图,其中边的权重反映了不同特征间相互作用的重要性。因此,建模特征交互的任务可以转换为在特征图上建模节点交互的任务。

(3) 特征交互 GNN 层。如图 3-3 所示,在 Fi-GNN 中,每个节点 n_i 都与一个隐藏状态向量 h_i^t 相关联,因而图状态由这些节点的隐藏状态向量组成:$H^t = [h_1^t, h_2^t, h_3^t, \cdots, h_m^t]$,其中 t 表示第 t 次交互步骤。初始节点状态为输入特征图的节点状态,即 $H^1 = E$。在交互步骤 t 时,每个节点将聚合来自近邻节点的状态信息,即 n_i 节点的聚合信息为其近邻节点变换后的状态向量之和:

$$a_i^t = \sum_{n_j \to n_i \in E} A[n_j, n_i] W_p h_j^{t-1} \tag{3-2}$$

其中，W_p 表示变换函数；$A \in R^{m \times m}$ 表示包含边权值的邻接矩阵。显然，转换函数和邻接矩阵决定了节点间的相互作用。由于每条边上的相互作用应该是不同的，为实现边的相互作用，Fi-GNN 提出通过一个注意力机制来学习边的权值。具体来说，根据节点的初始状态计算节点 n_i 与 n_j 之间的边的权值：

$$w(n_i, n_j) = \frac{\exp\left(\text{LeakyReLU}\left(W_w[e_i \| e_j]\right)\right)}{\sum_k \exp\left(\text{LeakyReLU}\left(W_w[e_i \| k]\right)\right)} \tag{3-3}$$

其中，$W_w \in R^{2D}$ 表示权重矩阵；$\|$ 表示拼接操作。利用 softmax 函数使不同节点间的权值易于比较。因此，邻接矩阵 A 为

$$A[n_i, n_j] = \begin{cases} w(n_i, n_j), & i \neq j \\ 0, & \text{其他} \end{cases} \tag{3-4}$$

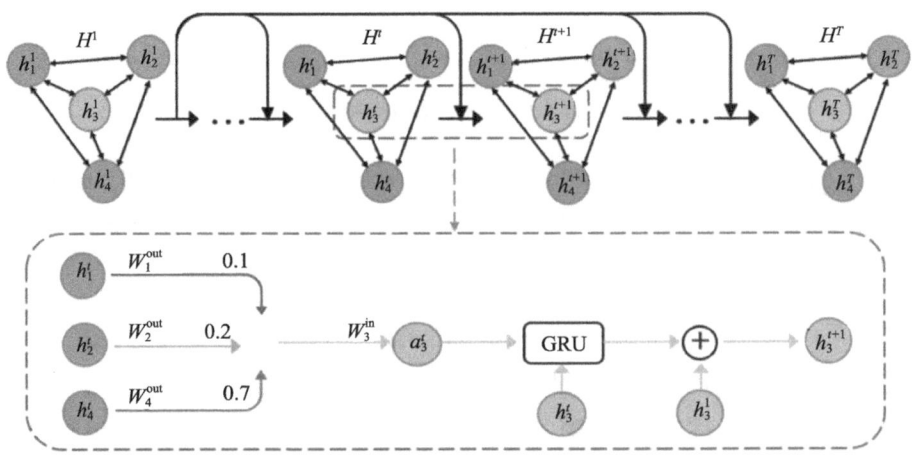

图 3-3　Fi-GNN 模型图[19]

GRU 是门控循环单元，gated recurrent unit

然而，由于特征图是具有大量边的完全图，简单地为每条边分配一个唯一的转移矩阵会消耗过多的参数空间和运行时间。为了减少时间和空间的复杂性，同时实现灵活的建模方式，与文献[20]相似，Fi-GNN 模型将输出矩阵 W_{out}^i 和输入矩阵 W_{in}^i 分配给每个节点 n_i。具体来说，当节点 n_i 向节点 n_j 发送状态信息时，在 n_j 接收状态信息之前，状态信息首先由节点 n_j 的输出矩阵 W_{out}^j 进行转换，然后由节点 n_j 的输入矩阵 W_{in}^i 进行转换。因此，节点之间的状态信息聚合过程可表示为

$$a_i^t = \sum_{n_j \to n_i \in E} A[n_j, n_i] W_{\text{out}}^j W_{\text{in}}^i h_j^{t-1} + b_p \tag{3-5}$$

聚合状态信息后，节点将通过 GRU 和残差连接网络层更新状态向量：
$$h_i^t = \mathrm{GRU}(h_i^{t-1}, a_i^t) \quad (3\text{-}6)$$

（4）注意力打分层。经过 T 次特征交互与更新后，图 3-3 中节点的状态为 $H^T = [h_1^T, h_2^T, h_3^T, \cdots, h_m^T]$。每次节点都与其邻居进行交互，因此，经过 T 次交互后，每个节点都获取了 T 阶邻居的信息。显然，每个特征域节点的最终状态都捕获了全局信息。换句话说，这些域节点是邻居感知的。在这里，我们分别对每个特征域的最终状态进行评分，并使用一个注意力机制来衡量它们对整体预测的影响。形式上，每个节点 n_i 的预测得分及其注意节点权重可以通过两个多层感知分别估计为

$$y_i = \mathrm{MLP}_1(h_i^p) \text{ 和 } a_i = \mathrm{MLP}_2(h_i^p)。$$

整体预测所有节点的总和：
$$\hat{y} = \sum_{i=1}^{m} a_i y_i \quad (3\text{-}7)$$

3.1.3 基于图神经网络和因子分解机的特征交互建模

1. 简介

如 3.1.1 节所述，挖掘文献资源类别特征中有效的特征组合，并合理地建模特征交互是科技资源精准推荐的关键。FM[1,21]是一种有效的建模二阶交互的模型，其因具有高效显式的特征交互建模能力而被广泛使用。然而 FM 无法建模更高阶的特征交互。另外，GNN 作为一类能够在图结构数据上有效捕捉高阶关系的模型，展现了其建模高阶特征交互的潜力。3.1.2 节介绍了第一次用 GNN 建模特征交互的模型 Fi-GNN，尽管已取得不错的效果，但 GNN 本身是为解决节点分类或者链接预测的问题而设计的，因此很多操作并不适合建模特征交互。此外，在 Fi-GNN 中，特征交互图是全连接的形式，因此任意一对特征间的交互都需要被建模。然而在实际应用中，并不是任意特征间的交互都需要是有效的，有些特征交互反而会对效果产生不利影响。因此直接使用 GNN 建模任意特征间的交互在效率以及效果上可能都不是最佳的选择。

为了克服 FM 和 GNN 各自的局限性，同时利用它们的优势，本节将 FM 与 GNN 结合，提出了图因子分解机（GraphFM）以高效显式地建模高阶特征交互。具体来讲，我们同样将多特征域的特征表达成图的结构，区别于 Fi-GNN 模型，我们设计的 GraphFM 可以筛选到有效融合的特征交互组合，结合 FM 高效建模交互的功能，以及 GNN 捕捉高阶关系的功能，GraphFM 能够有效地建模任意高阶的特征交互。

2. 模型介绍

GraphFM 首次将 GNN 与 FM 结合，能够更高效地显式建模高阶特征交互。如图 3-4 所示，GraphFM 模型主要包含两部分，特征交互选择部分筛选出最后预测的特征交互组合（特征交互图中的边），特征交互聚合部分结合 FM 的特征交互组合建模方式以及 GNN 的特征聚合方式，来聚合特征交互并更新特征表达。

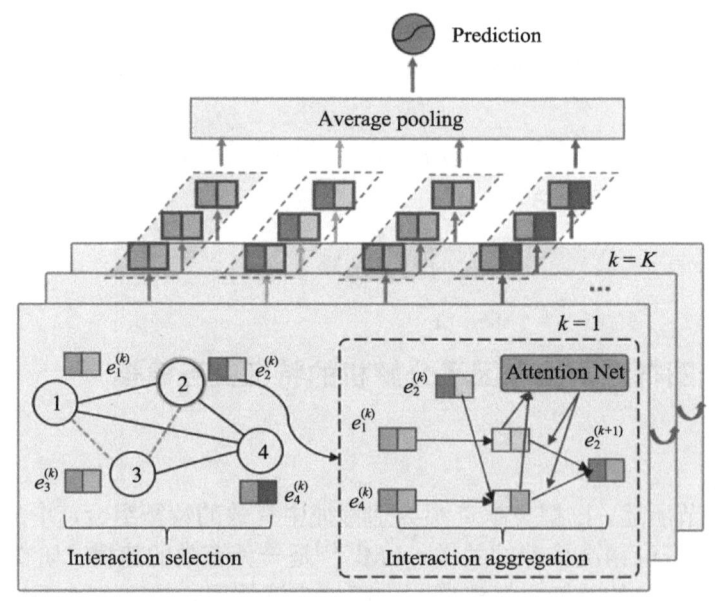

图 3-4 GraphFM 模型图
Prediction 表示预测；Average pooling 表示平均池化；Attention Net 表示注意力网络；
Interaction selection 表示交互选择；Interaction aggregation 表示交互聚合

（1）特征交互选择。为了更好地选择对最终的预测有效的特征交互组合，我们设计了特征交互选择机制。这也可以看作特征交互的链接预测问题，即预测两个特征点之间是否有链接（交互）。然而，图结构 $G=\{V,E\}$ 是离散的，连接两个节点的边 $(v_i,v_j) \in E$ 要么存在要么不存在。这就使得该过程不可分，因此不能直接采用基于梯度下降的优化技术进行优化。

为了克服这一局限，我们用加权邻接关系 P 代替边缘集 E，其中 p_{ij} 为 $(v_i,v_j) \in E$ 的概率，这也反映了它们之间的交互有多有利。需要注意的是，我们在每个 k 层学习不同的图结构 $P^{(k)}$。通过这种方式，我们在列举有益的高阶特征交互时有更高的效率和灵活性。边 (v_i,v_j) 有效的概率 p_{ij} 是通过以下基于 MLP（multilayer perceptron，多层感知机）的函数计算出的：

$$p_{ij} = W_2^s \sigma\left(W_1^s(e_i \odot e_i) + b_1^s\right) + b_2^s \tag{3-8}$$

其中，$W_1^s, W_2^s, b_1^s, b_2^s$ 表示两层 MLP 的参数；$\odot$ 表示元素逐元素乘法。这样的图结构连续建模可以实现梯度的反向传播。由于我们不知道真正的图结构，因而梯度来自模型输出与目标之间的误差。直观地讲，我们将每对特征嵌入的元素乘积视为一个项，并使用 MLP 估计其得分，也可以选择欧氏距离或其他距离度量。

根据估计的边缘概率矩阵 P，我们再对一个固定的 m 度图进行采样。

对于每个特征节点 v_i，我们根据 $P[:,i]$ 的前 m 个元素选择 m 个边，公式如式 (3-9) 所示：

$$\begin{aligned} &\text{for } i = 1, 2, \cdots, n \\ &\text{idx} = \text{argtop}_m(P[i,:]) \\ &P[i, -\text{idx}] = 0 \end{aligned} \tag{3-9}$$

我们保留与当前特征 v_i 相互作用时提供有效信息最多的 m 个特征，其他特征被掩盖。因此，节点 v_i 的邻域集定义为

$$\mathcal{N}_i = \{v_j \mid p_{ij} > 0, j = 1, 2, \cdots, n\} \tag{3-10}$$

（2）特征交互聚合。由于我们已经选择了有效的特征交互，可以通过特征交互（邻域）聚合操作来更新特征表示。对于一个目标特征节点 v_i，当聚合其与邻居的有效交互时，我们还需测量每个交互的注意力系数。为了测量注意力系数，我们使用一个可学习的投影向量，并应用 LeakyReLU 非线性激活函数：

$$e_{ij} = \text{LeakyReLU}\left(a^T(e_i \odot e_j)\right) \tag{3-11}$$

该系数表明特征 v_i 和特征 v_j 之间相互作用的重要性。为了使系数在不同的特征节点之间容易比较，我们使用 softmax 函数对所有选择进行归一化：

$$\alpha_{ij} = \frac{e_{ij}}{\sum_{j' \in \mathcal{N}_i} e_{ij'}} \tag{3-12}$$

一旦得到归一化的注意力系数，我们就可以通过一个非线性函数计算这些特征交互的线性组合作为更新的特征表示：

$$e_i' = \sigma\left(\sum_{j \in \mathcal{N}_i} \alpha_{ij} p_{ij} W_a (e_i \odot e_j)\right) \tag{3-13}$$

其中，α_{ij} 衡量特征 i 和 j 之间每个特征交互作用的注意力系数；p_{ij} 表示这个特征交互作用有益的概率。为了捕捉不同语义子空间中特征交互的多样化、多义性，同时稳定学习过程，我们扩展了我们的机制，采用多头注意力。具体来说，H 个独立的注意力机制执行式 (3-14) 的更新，然后将这些特征进行拼接，得到式 (3-14) 所示的输出特征表示：

$$e'_i = \|_{h=1}^{H} \sigma\left(\sum_{j \in \mathcal{N}_i} \alpha_{ij}^h p_{ij} W_a^h (e_i \odot e_j)\right) \quad (3\text{-}14)$$

（3）预测函数。每一层的输出是一组 n 个特征的表示向量，编码了最高到 k 阶的特征交互，即 $\{e_1^{(k)}, e_2^{(k)}, \cdots, e_n^{(k)}\}$。在不同层中得到的表征编码了不同阶级的交互，它们在最终预测中的贡献是不同的。因此，我们需要将它们连接起来，构成每个特征的最终表示：

$$e_i^* = e_i^{(1)} \| \cdots \| e_i^{(K)} \quad (3\text{-}15)$$

最后，我们对所有特征的向量采用平均池化的方法，得到图级别的输出，并使用投影向量 p 进行最终的预测：

$$\hat{y} = p^T e^* \quad (3\text{-}16)$$

3.1.4 应用案例

为了验证模型的效果，我们将本节介绍的模型在维基百科（Wikipedia）的编辑数据集[22]上进行了实验。我们选择了 1000 个被编辑次数最多的页面作为项目，并选择至少编辑过 5 次页面的用户作为研究对象。数据共包含 8227 个用户和 157 474 次用户项目交互。我们将编辑过的文本页面转化成 LIWC[linguistic inquiry and word count，语言探究与字数统计（特征）][23]特征向量作为交互的特征。

我们选择 AUC（area under the curve，曲线下的面积）作为指标，它衡量了模型对正样本的打分高于对负样本的打分的概率。表 3-1 展示了我们提出的模型和其他模型的实验效果，另外，为便于模型之间的对比，我们引入了 RelaImpr 指标，公式如式（3-17）所示：

$$\text{RelaImpr} = \left(\frac{\text{AUC(our model)} - 0.5}{\text{AUC(measured model)} - 0.5} - 1\right) \times 100\% \quad (3\text{-}17)$$

表 3-1 FM/Fi-GNN/GraphFM 模型实验效果对比

模型	AUC	RelaImpr
FM	0.7231	22.14%
Fi-GNN	0.7378	14.59%
GraphFM	0.7725	0.00%

从表 3-1 中我们可以看出，Fi-GNN 和 GraphFM 在编辑数据集上都取得了比 FM 更好的效果。基于 GNN 的方法 Fi-GNN 取得了比 FM 更好的效果，这充分说明了我们将特征表达成图结构然后利用 GNN 建模特征交互的方法的有效性。同

时基于 GNN 和 FM 的方法 GraphFM 较前两个方法取得了更显著的实验效果，这充分说明了 GraphFM 能够有效融合 GNN 和 FM 的优点更好地建模特征交互，从而进行更精准的科研资源分配。

3.2 基于用户行为序列信息的科技资源精准推荐网络

3.2.1 研究背景

在科技大数据场景中，用户的行为记录存在着很强的时间特性。例如，用户的学术兴趣会因为阅读了某些文章或者文献而发生改变，进而去寻找和阅读新的学术资源。相比于传统的静态推荐问题，基于用户行为序列信息的精准科技资源推荐不仅要考虑用户与科技资源的内容或属性的交互，还要考虑如何准确利用用户交互的时间信息。

基于用户行为序列信息进行科技资源推荐的场景多种多样，基于会话的科技资源推荐是其中一种重要的场景。会话是指一个用户在一定的时间内对科技资源的浏览操作行为，如对科技文献资源的点击、浏览等，这些被操作的科技资源项目可以表示成一条浏览序列，用户浏览的对象被称为项目。在一个会话中，对用户有限的操作行为进行建模，并为用户推荐更合适的科技资源文献是非常重要的。和传统的静态推荐问题相比，基于会话的推荐问题的关键是利用用户短期的连续交互信息数据预测不同用户可能感兴趣的科技资源内容。最早的基于会话的推荐是基于马尔可夫链的推荐系统[23]，该模型基于用户上一次的行为记录预测用户下一次的行为，但是由于强独立性相关假设，该模型的预测结果不是十分精确；基于会话的科技推荐可以将推荐任务建模为序列化问题，即基于用户在某一段时间的历史活动记录预测下一时刻其可能感兴趣的科技资源内容。随着深度学习的发展，一些深度学习模型逐渐被应用到序列建模领域。基于循环神经网络的推荐系统[24]采用循环神经网络模型，引入了一系列数据增强或特征增强的方法，如数据扩增、利用预训练的特征等，进一步提高了预测效果。基于循环神经网络的方法虽然极大地提升了科技资源的推荐效果，但是这些方法仍存在很多不足，如难以对蕴含在用户交互序列中的科技资源实体间的复杂转移关系建模、无法充分利用用户浏览序列中的上下文信息及不同用户序列间的协同信息，这都降低了科技资源推荐的准确性。

另外，在会话或者序列推荐场景中一般会假设用户的兴趣表达是不断变化的，而科技资源数据中的其他实体的表示是不变的。但是这种假设在真实科技大数据的场景中往往是不合理的，如学者的研究方向、学术兴趣或所属组织结构等往往会发生变化；某个知识概念也会随着时间不断更新、延展。实时地更新科技资源推荐系统中各种实体的特征对于科技资源推荐的时效性有着关键的作用。考虑交互过程中所有实体的状态或属性变化的场景通常被称为动态推荐场景。动态推荐系统已经在社交媒体、在线购物、流媒体等众多在线应用中证明了其有效性。它们利用已有数据中不同对象之间的历史交互来不断更新各实体的表示,并用新的实体表示来预测用户在未来可能交互的科技资源对象。因此,对于动态推荐模型,准确地捕捉用户及其交互实体的动态变化对于准确的预测是至关重要的。

为了构建动态推荐系统,一种直观的方法是对数据中不同科技实体的交互序列分别进行建模,利用循环神经网络模型[25-33]捕获每个实体序列的中长期依赖性。一些工作利用多条循环神经网络模型[29-34]建模不同交互实体,虽然它们可以实时更新不同交互实体的向量表达,但它们仅仅考虑了交互实体的一阶交互关系,无法显式地利用用户与用户、项目与项目间的协同信息(协同信息在推荐[26-28,35]方面也被证明是非常有效的,同一学科领域的用户往往有相似的学术兴趣,利用这一特性构建推荐系统的方法被称为协同过滤)。为了解决难以显式建模实体间协同信息的问题,基于图模型的动态科技推荐方法逐渐被研究者关注。

3.2.2 基于图神经网络的会话推荐模型

1. 简介

随着科技的进步,科技资源文献的规模和数量也在飞速增长,构建科技资源推荐系统能够帮助用户有效缓解信息过载,进而帮助用户在海量科技资源中选择自己感兴趣的内容。现有的推荐系统大都假设一个前提,用户信息和历史活动信息是被不断记录的,但在实际中用户的信息可能是未知的,并且只有当前正在进行的会话中的用户历史行为才可用,这种场景下的推荐称为会话推荐。

目前的研究[23,36-39]工作主要是利用目标会话中的序列信息对目标会话进行建模用户兴趣的表达。虽然现有的方法取得了不错的效果,但这些序列模型难以捕捉项目间的复杂跳转关系,这在一定程度上制约了推荐系统的性能。

本小节将介绍一种全新的会话模型[40,41],利用 GNN 模型建模会话序列。该模型不仅考虑了建模会话序列中项目的复杂跳转关系,还利用注意力机制将会话中的长期偏好和短期兴趣相结合,以更准确地为用户提供科技资源的推荐。

2. 模型方法

SR-GNN(session-based recommendation with graph neural network,基于图神

经网络的会话推荐)模型的框架如图 3-5 所示。首先,将每个用户交互过的科技资源序列建模成有向图,图 3-5 中的节点表示交互过的项目,如科技文献。该模型将有向图输入门控 GNN[42],学习会话图中节点(项目)的隐向量表示,节点向量表示通过 GNN 学习到的项目潜在向量表达。基于图中的每个节点向量,利用注意力机制得到每个会话的向量表达,最后通过 softmax 层进行预测。接下来将详细说明 SR-GNN 模型的每个部分。

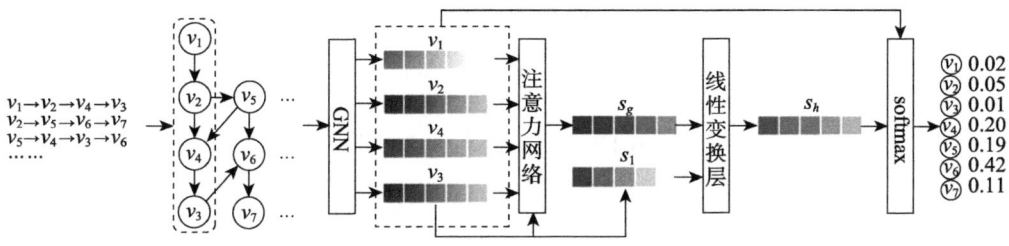

图 3-5 SR-GNN 模型流程图[38]

(1)会话图构建。会话图是一个由用户交互的项目节点构成的有向图。在会话图中节点代表用户交互的项目,如图 3-6 所示。有向图的边表示一个用户在该会话中依次点击了该边的起点和终点对应的项目。由于某些项目可能会重复出现在序列中,因此该模型为每一条边分配了归一化的加权值,即归一化权重。归一化权重的计算方法是用该条边出现的次数除以该边起始节点的出度。

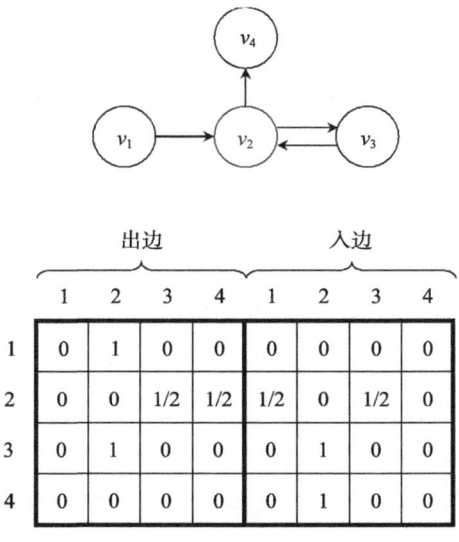

图 3-6 会话图和连接矩阵 A_s 构建示例[39]

（2）会话图中的节点嵌入表示。此处将介绍如何通过 GNN 获得会话图中每个节点的向量表示。相比于传统的用于序列数据的神经网络模型，GNN 可以考虑会话图中丰富的节点链接关系，并自动提取会话图的特征。具体来说，对于会话 s 构成的会话图 G_s 和节点 $v_{s,i}$，门控神经网络的更新函数如式（3-18）至式（3-22）所示：

$$a_{s,i}^t = A_{s,i:}\left[v_1^{t-1},\cdots,v_n^{t-1}\right]^\mathrm{T} H + b \qquad (3\text{-}18)$$

$$z_{s,i}^t = \sigma\left(W_z a_{s,i}^t + U_z v_i^{t-1}\right) \qquad (3\text{-}19)$$

$$r_{s,i}^t = \sigma\left(W_r a_{s,i}^t + U_r v_i^{t-1}\right) \qquad (3\text{-}20)$$

$$\widetilde{v_i^t} = \tanh\left(W_o a_{s,i}^t + U_o\left(r_{s,i}^t \odot v_i^{t-1}\right)\right) \qquad (3\text{-}21)$$

$$v_i^t = \left(1 - z_{s,i}^t\right) \odot v_i^{t-1} + z_{s,i}^t \odot \widetilde{v_i^t} \qquad (3\text{-}22)$$

其中，$H \in R^{d \times 2d}$ 表示权重参数矩阵；$z_{s,i}$ 和 $r_{s,i}$ 表示重置门和更新门；$\left[v_1^{t-1},\cdots,v_n^{t-1}\right]$ 表示会话 s 中的项目在 t 迭代步的向量表达；$\sigma(\cdot)$ 表示 sigmoid 函数；$\odot$ 表示逐元素乘法操作。矩阵 $A_s \in R^{n \times 2n}$ 决定图中的节点如何连接，$A_{s,i:} \in R^{1 \times 2n}$ 表示与节点 $v_{s,i}$ 相关的两列。在这里，A_s 定义为两个邻接矩阵 $A_s^{(\text{out})}$ 和 $A_s^{(\text{in})}$ 的串联，分别表示会话图中输出和输入边的权重邻接矩阵。

对于每个会话图 G_s，门控图神经网络（gated graph neural network，GGNN）同时处理所有节点。式（3-18）表示在矩阵 A_s 的约束下，信息在不同节点之间进行传播。具体来说，它提取周围邻居的潜在向量并将其作为 GNN 的输入；更新门和重置门分别决定哪些信息被保留和丢弃；根据先前的状态，利用当前状态和重置门构造候选状态；利用式（3-22），在更新门的控制下，由先前隐藏状态和候选状态的组合得到最终状态。重复 t 步，就可以得到融合了邻居信息的每个节点表达。

（3）会话表达生成。为了从会话序列中充分提取用户的偏好和兴趣的向量表达，SR-GNN 模型考虑将会话的长期偏好和短期偏好结合在一起，将得到的嵌入作为会话嵌入。最后利用门控图神经网络的输出向量进行会话表达 $s \in R^d$ 的计算。

首先考虑会话的局部嵌入 s_1。对于会话 $s = \left[v_{s,1}, v_{s,2}, \cdots, v_{s,n}\right]$，可以简单地将最后的点击项 $v_{s,n}$ 的嵌入作为局部嵌入，即 $s_1 = v_n$。

对于会话图 G_s 的全局嵌入，考虑会话中的所有节点。由于不同的节点对于未来的预测具有不同的作用优先级，因此利用注意力机制来计算全局嵌入：

$$\alpha_i = q^\mathrm{T} \sigma(W_1 v_n + W_2 v_i + c) \qquad (3\text{-}23)$$

$$s_g = \sum_{i=1}^{n} \alpha_i v_i \qquad (3\text{-}24)$$

其中，$q \in R^d$ 和 $W_1, W_2 \in R^{d \times d}$ 表示权重参数。

最后，将局部和全局嵌入向量拼接后进行线性变换计算得到会话嵌入 s_h：

$$s_h = W_3 [s_1; s_g] \qquad (3\text{-}25)$$

其中，$W_3 \in R^{d \times 2d}$ 表示权重参数。

（4）生成推荐和模型训练。SR-GNN 模型通过计算会话嵌入与每个候选项目原始嵌入的内积得到每个候选项目 $v_i \in V$ 的得分 $\hat{z}_i$，然后利用 softmax 函数得到所有候选项目的归一化向量 $\hat{y} \in R^m$，为用户推荐得分最高的项目。对于每个会话图，利用交叉熵损失构建损失函数，定义如式（3-26）所示：

$$L(\hat{y}) = -\sum_{i=1}^{m} y_i \log(\hat{y}_i + (1 - y_i) \log(1 - \hat{y}_i)) \qquad (3\text{-}26)$$

其中，y 表示真实值。最后采用随时间反向传播（back propagation through time，BPTT）算法训练本节提出的 SR-GNN 模型。

3.2.3 基于动态图神经网络的协同推荐模型

1. 简介

很多研究工作已经表明了图网络模型在科技资源推荐系统中的巨大优势，如一些工作[35,43,44]已经证明了基于图的模型能够显式地建模协同信息。这些基于图的模型将用户与科技资源（项目）的交互表示为二部图来建模图中节点间的高阶连通性，以显式编码用户和项目间的协同信息。然而，这类模型只适用于静态场景，在实际的科技大数据推荐系统中，用户、科技资源实体是不停地交互的，在交互过程中用户的学术兴趣、研究领域以及科技资源的属性或影响力都随着时间的变化而发生改变。因此，应该及时考虑科技资源推荐系统中的用户、科技资源实体等信息随时间动态变化的规律。而上述基于静态图方法的模型忽视了用户与项目交互的交互顺序依赖性和时间属性。为了解决这些问题，本节将利用动态图模型动态建模用户和科技资源的交互，提升科技资源推荐系统的推荐效果。

在本节提出的动态图模型中，用户和交互的项目作为动态图中的节点，用户和项目发生交互后生成一条边。在开始时，图只包含孤立的用户和项目节点，随着时间的推移，越来越多的用户和项目发生交互，动态图的规模也不断扩大。为了对这一过程进行建模，该模型设计了三种更新机制，如图 3-7 所示，第一个是零阶继承机制，其中每个节点继承它之前时刻的嵌入表达，并结合交互的特征信息来更新它的嵌入。第二个是一阶传播机制，当用户节点和项目节点发生交互时，通过将一个节点的嵌入传播到另一个节点来建立两个节点之间的联系。它同时更新用户和项目节点的嵌入。第三个是二阶聚合机制，它通过聚合函数获得用户节点所有邻居的整体嵌入，然后将嵌入传递给项目节点，对项目节点进行更新。类似地，也可以通过聚合函数获得项目节点邻居的整体嵌入，然后传递给用户节点进行更新。

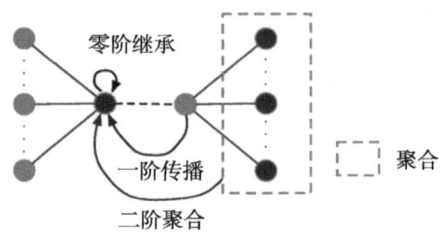

图 3-7　零阶继承机制/一阶传播机制/二阶聚合机制[40]

在上述三种更新机制的基础上，本节提出了动态图协同过滤（dynamic graph collaborative filtering，DGCF）模型，将其应用于一个统一的框架。图 3-8 介绍了 DGCF 模型的基本框架。DGCF 模型中有三个模块，对应三个更新机制。每个部分生成一个嵌入，然后融合三个部分生成的嵌入来学习图中节点的嵌入。DGCF 模型的最后部分，利用演化损失融合时间信息（即具体的时间信息）到该模型中进行推荐。DGCF 模型的细节部分将在下文进行详细介绍。

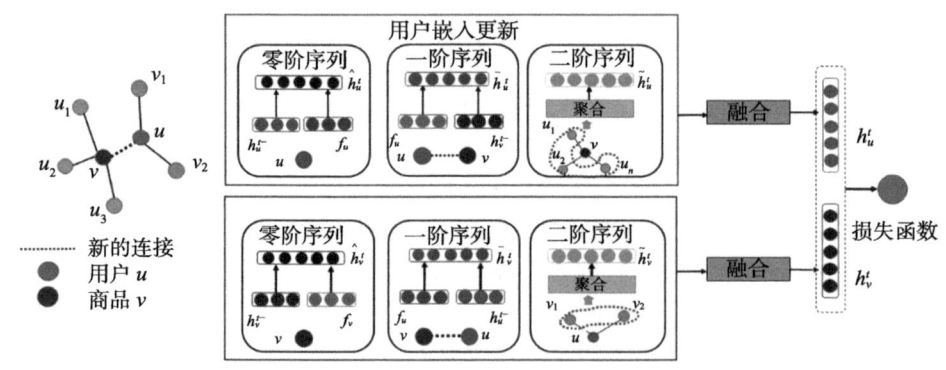

图 3-8　DGCF 模型流程图[41]

2. 模型介绍

此部分将详细介绍 DGCF 模型。图 3-8 是 DGCF 模型框架的流程图。用户和项目之间的交互形成了一个动态图。当一个新的用户-项目发生交互时，该模型使用嵌入更新机制同时更新发生交互的用户节点和项目节点。对于用户未来交互项目的预测，该模型通过投影函数获得用户未来某一时刻的嵌入表达，然后计算该嵌入与所有其他项目嵌入之间的距离 $L2$，选出与预测对象嵌入距离最小的项目推荐给用户。

接下来将详细介绍三种嵌入更新机制。

（1）零阶继承机制。对于动态图，更新的节点首先要继承先前的状态以及自身的特征。将先前的嵌入作为继承先前状态的输入的一部分，再对当前嵌入和先前嵌入之间的时间间隔进行编码。对于用户嵌入 h_u 和项目嵌入 h_v，其更新公式分别为

$$\hat{h}_u^t = \theta_u \left(W_0^u h_u^{t-} + w_0 \Delta t_u + W_0^f f_u \right) \tag{3-27}$$

$$\hat{h}_v^t = \theta_v \left(W_0^v h_v^{t-} + w_0 \Delta t_v + W_0^f f_v \right) \tag{3-28}$$

其中，Δt 表示当前时间 t 与先前交互时间 t^- 之间的时间间隔；h_u^{t-} 和 h_v^{t-} 表示在 t 时间之前最邻近的用户 u 和项目 v 的嵌入；f_u 和 f_v 分别表示用户和项目的特征；$W_0 \in R^{d \times d}$ 表示参数矩阵；$w_0 \in R^d$ 表示编码时间间隔 Δt 的参数向量；θ_u 和 θ_v 表示激活函数。为了提高计算速度，该模型使用等价映射函数代替非线性激活函数。

（2）一阶传播机制。在已经建立的动态图中，用户节点的一阶邻居就是直接交互的项目节点。类似地，项目的一阶邻居是与其交互的用户节点。在科技资源数据的动态推荐场景中，与用户交互的科技文献或新闻在某种程度上反映了用户的意图或学术兴趣。相应地，对特定领域的文献感兴趣的用户也能在一定程度上反应该领域的属性。因此，有必要利用动态图中用户和项目的一阶邻居信息来分别学习其各自的嵌入。具体来说，当用户 u 和项目 v 发生交互的时候，一方面，将项目 v 的当前嵌入和特征（如科技文献的关键字、摘要等）融合到用户 u 的嵌入中；另一方面，将用户 u 的当前嵌入和特征（如用户的个人信息、研究领域）融合到项目 v 的嵌入中。所以，用户和项目的更新公式分别如式（3-29）和式（3-30）所示：

$$\overline{h}_u^t = \phi_u \left(W_1^u h_v^{t-} + W_1^f f_v \right) \tag{3-29}$$

$$\overline{h}_v^t = \phi_v \left(W_1^v h_u^{t-} + W_1^f f_u \right) \tag{3-30}$$

其中，$W_1 \in R^{d \times d}$ 表示参数矩阵。与零阶继承机制类似，这里依旧使用等价映射函数 ϕ_u 和 ϕ_v。

（3）二阶聚合机制。受协同过滤思想的启发，用户和项目节点的更新不仅要考虑其历史信息和交互节点的信息，还要考虑在动态图中与其具有高阶关联关系的节点。体现在科技资源推荐系统中，对于某一用户，假设他点击阅读了一篇新的科技文献资料，新阅读的文献与该用户先前在科技资源数据库中阅读过的文献

往往具有一定的关联性，比如属于同样的研究领域。为了显式建模这个关系，DGCF 模型建立了一种显式的连接，表示为 $v_u \to u \to v$。其中，$v_u \in \mathcal{H}_v^u$，$\mathcal{H}_v^u = \{v_1, v_2, \cdots, v_n\}$ 是用户交互过的项目的集合。同理，对 u 节点进行更新时，DGCF 模型也应考虑 u 的二阶邻居节点 $u_i \in \mathcal{H}_u^v$。因此，更新函数为

$$\tilde{h}_u^t = \zeta_u\left(h_u^{t-}, h_{u_1}^{t-}, h_{u_2}^{t-}, \cdots, h_{u_n}^{t-}\right) \tag{3-31}$$

$$\tilde{h}_v^t = \zeta_v\left(h_v^{t-}, h_{v_1}^{t-}, h_{v_2}^{t-}, \cdots, h_{v_m}^{t-}\right) \tag{3-32}$$

其中，ζ_u 和 ζ_v 表示聚合函数。在动态图中，用户和科技资源是两种具有不同特性的节点。某一研究领域研究学者的数量可能非常庞大。因此，对于用户和项目节点，应该根据实际情况使用不同的聚合函数。可以用以下的聚合函数来实现二阶节点的更新。

1）均值聚合

均值聚合是一种简单的运算方式，可以看作 GCN 的一种变体。具体的公式如式（3-33）和式（3-34）所示：

$$\tilde{h}_u^t = h_u^{t-} + \frac{1}{\left|\mathcal{H}_v^u\right|} \sum_{u_i \in \mathcal{H}_u^v} W_u^m h_{u_i}^{t-} \tag{3-33}$$

$$\tilde{h}_v^t = h_v^{t-} + \frac{1}{\left|\mathcal{H}_u^v\right|} \sum_{v_i \in \mathcal{H}_v^u} W_v^m h_{v_i}^{t-} \tag{3-34}$$

2）LSTM 聚合

LSTM 聚合是一种基于 LSTM 的复杂聚合函数。LSTM 具有很强的非线性记忆表达能力，可以编码序列数据的长期依赖性。从用户的角度来看，用户与历史交互的项目具有明显的顺序依赖性，因此可以按时间顺序将所有用户节点的邻居输入到聚合器函数中。类似地，从项目的角度，我们将交互过项目的用户按照时间顺序依次输入到 LSTM 中。具体的公式如式（3-35）和式（3-36）所示：

$$\tilde{h}_u^t = h_u^{t-} + \text{LSTM}_u\left(h_{u_1}^{t-}, h_{u_2}^{t-}, \cdots, h_{u_n}^{t-}\right) \tag{3-35}$$

$$\tilde{h}_v^t = h_v^{t-} + \text{LSTM}_v\left(h_{v_1}^{t-}, h_{v_2}^{t-}, \cdots, h_{v_m}^{t-}\right) \tag{3-36}$$

3）图注意力聚合

图注意力聚合可以计算不同的中心节点和邻居节点之间的权重，可以反映每一个节点对中心节点的重要性。受 GAT 模型的启发，本节定义图注意力聚合方式如式（3-37）至式（3-40）所示：

$$\tilde{h}_u^t = \sum_{u_i \in \mathcal{H}_u^v} \alpha_{ui} h_{u_i}^{t-} \tag{3-37}$$

$$\alpha_{ui} = \frac{\exp(\text{LeakyReLu}(W_w[h_u^{t-} \| h_{u_i}^{t-}]))}{\sum_{u_i \in \mathcal{H}_u^v} \exp(\text{LeakyReLu}(W_w[h_u^{t-} \| h_{u_i}^{t-}]))} \tag{3-38}$$

$$\tilde{h}_v^t = \sum_{u_i \in \mathcal{H}_v^u} \alpha_{vi} h_{v_i}^{t-} \tag{3-39}$$

$$\alpha_{vi} = \frac{\exp(\text{LeakyReLu}(W_w[h_v^{t-} \| h_{v_i}^{t-}]))}{\sum_{v_i \in \mathcal{H}_v^u} \exp(\text{LeakyReLu}(W_w[h_u^{t-} \| h_{u_i}^{t-}]))} \tag{3-40}$$

其中，$W_w \in R^{2d}$ 表示权重矩阵；$\|$ 表示沿着维度进行拼接。

除了二阶信息，在动态图中还存在其他高阶信息，但高阶信息可能导致平滑问题，使得所有节点嵌入趋于相似。另外，使用高阶信息会使计算复杂度呈指数增加，这违背了推荐系统的高效性，因此 DGCF 模型最多使用二阶信息建模高阶关系。

（4）信息融合。为了将三种更新机制结合到动态图的学习节点嵌入中，DGCF 模型融合了上述三种表示形式以获得每个节点的最终表达。

$$h_u^t = F_u \left(W_u^{\text{zero}} \hat{h}_u^t + W_u^{\text{first}} \overline{h}_u^t + W_u^{\text{second}} \tilde{h}_u^t \right) \tag{3-41}$$

$$h_v^t = F_v \left(W_v^{\text{zero}} \hat{h}_v^t + W_v^{\text{first}} \overline{h}_v^t + W_v^{\text{second}} \tilde{h}_v^t \right) \tag{3-42}$$

其中，$h_u^t, h_v^t \in R^d$ 表示用户 u 和项目 v 在时间 t 发生交互之后的节点嵌入更新；F_u, F_v 表示用户和项目各自的融合函数。这里，一般选择 sigmoid 函数作为激活函数。$W_u^{\text{zero}}, W_u^{\text{first}}, W_u^{\text{second}} \in R^{d \times d}$ 是控制三种更新机制的参数。

科技资源的动态推荐系统的目标是根据用户在时间 t 之前的历史交互顺序，预测用户在时间 t 最有可能感兴趣的科技资源。直观上，这类似于动态图中的链接预测任务。因此，动态推荐的损失函数定义如式（3-43）至式（3-45）所示：

$$\hat{h}_u^{t^+} = \text{MLP}_u \left(h_u^t \odot \left(1 + w_t \left(t^+ - t \right) \right) \right) \tag{3-43}$$

$$\hat{h}_v^{t^+} = \text{MLP}_v \left(W_2 \hat{h}_u^{t^+} + W_3 f_u + W_4 f_v \right) \tag{3-44}$$

$$\mathcal{L} = \sum_{(u,v,t,f) \in \{S_i\}_{i=0}^I} \left\| \hat{h}_v^{t^+} - h_v^t \right\|_2 + \lambda_u \left\| h_u^t - h_u^{t-} \right\|_2 + \alpha_v \left\| h_v^t - h_v^{t-} \right\|_2 \tag{3-45}$$

3.2.4 基于动态图神经网络的序列推荐模型

1. 简介

序列数据广泛存在于科技资源推荐系统中。基于循环神经网络、卷积神经网络（convolutional neural network，CNN）和注意力机制的神经网络模型已经成为主流的序列数据预测模型，可以有效部署到科技资源推荐系统中，根据平台用户的行为推荐用户可能感兴趣的科技资源。近年来，GNN 受到越来越多的关注，受到 GNN 在各种任务中成功应用的启发，人们提出了一些基于 GNN 的序列预测模型，以捕捉序列中复杂的项目转换关系。本节还介绍了一种先进的基于 GNN 的序列模型。

尽管这些方法取得了不错的效果，但是它们仍然存在一些问题：当前大部分方法主要侧重于用户序列内的建模，忽视了不同用户序列间的动态协同作用。具体来说，以图 3-9（a）为例，对于用户 u_1 序列的预测，当前的大部分模型对于训练损失的构造以及下一次交互的预测都在单条序列内进行。然而，如图 3-9（b）所示，用户 u_1 序列与其他用户和序列是高阶连接的，并且在不同时刻其关联程度也在不断变化，同时会形成相应的子图。这些子图蕴含着丰富的上下文信息，当前的方法很难显式地捕捉这些动态上下文信息，影响了科技资源推荐的效果。

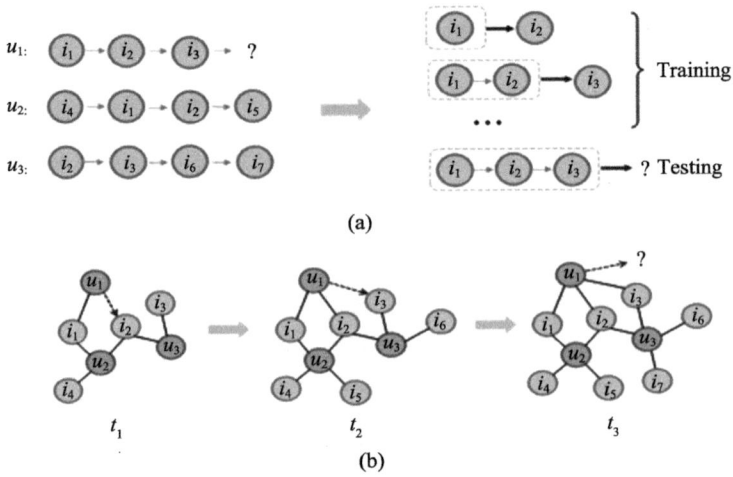

图 3-9　序列推荐示意图[41]

（a）左图表示用户 u_1、u_2、u_3 的序列，右图表示当前的主要序列模型的训练和测试范式。

（b）由 u_1、u_2、u_3 在不同时刻构成的交互图，实线表示已经发生的交互，虚线表示下一个时刻的交互；

Training 表示训练；Testing 表示测试

为了应对上述挑战，模型需要解决两个问题：首先是如何动态地从训练和测试数据中提取每条用户序列及与其高阶关联的用户序列；其次是如何有效编码目标用户的上下文序列信息，对其偏好进行准确预测。受动态图的启发，本节提出了一种用于序列推荐的动态图神经网络（dynamic graph neural network for sequential recommendation，DGSR）模型，它从动态图的角度探讨了用户与项目之间的序列交互行为。DGSR 模型的框架简单概括如下：首先，将所有用户交互的科技资源序列转换成边上有时间特征的动态图,图中的节点为用户和交互项目,对有共同交互项目的用户序列,可以通过用户→项目和项目→用户的关系链接起来;其次,本书设计了一个子图采样策略,该策略可以动态地提取包含用户序列及其相关序列的子图;最后,为了在采样的子图中进行信息的传播和聚合,本书设计了一个动态图注意力神经网络(dynamic graph attention neural network,DGAN),对提取的子图进行编码,它可以有效地将交互顺序和注意力机制结合在一起。

2. 模型介绍

在顺序推荐的设置中,用 U 和 I 分别代表用户和科技资源项目(简称项目)的集合。对于每个用户 $u \in U$,其动作序列表示为 $S^u = (i_1, i_2, \cdots, i_k)$,其中 $i \in I$,$T_u = (t_1, t_2, \cdots, t_k)$ 是 S^u 的时间戳序列,所有的序列集合表示为 S。模型的目标是预测 S^u 的下一次交互。为了控制计算的复杂度,科技资源推荐系统会限制 S^u 的最大长度。当 k 大于 n 时,取最近的 n 个项目 $(i_{k-n}, i_{k-n+1}, \cdots, i_k)$ 进行预测。

DGSR 模型的框架如图 3-10 所示。其主要包含四个部分:①用户序列动态图的构建;②用户序列子图提取;③动态图注意力神经网络模块,其中包含消息传播和聚合机制,用于更新动态图中节点的嵌入;④预测函数,利用从动态图神经网络中得到的嵌入,预测用户节点最有可能链接的项目。

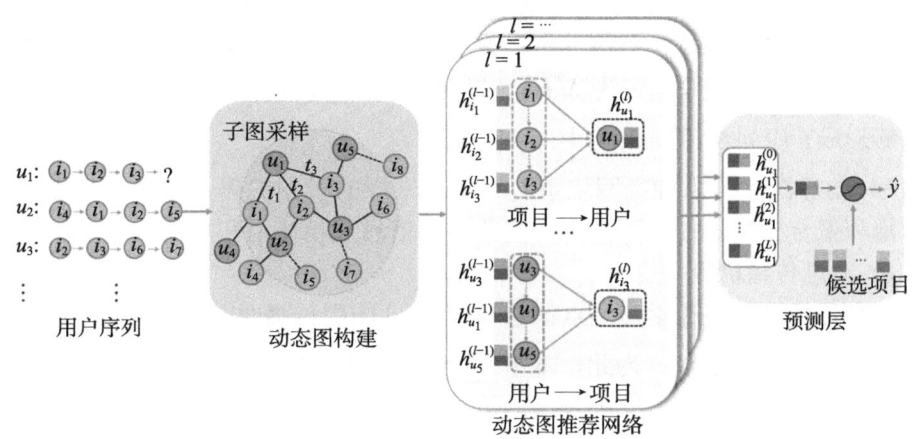

图 3-10 DGSR 模型框架图[41]

(1)动态图的构建。若用户 u 在时间 t 点击了项目 i,则一条边 e 就在 u 和 i 之间建立起来了,可以用五元组 (u, i, t, o_u^i, o_i^u) 表示,t 表示交互的时间戳。与常规动态图的定义不同，o_u^i 记录了 $u-i$ 的交互顺序，即项目 i 在 u 序列中的次序。o_i^u 表示 u 在所有交互过 i 的用户序列中的次序。例如，u_1 对应的交互序列是 (i_1,i_2,i_3)，时间戳序列是 (t_1,t_2,t_3)；u_2 对应的交互序列是 (i_2,i_3,i_1)，时间戳序列是 (t_4,t_5,t_6)；其中 $t_1<t_2<t_3<t_4<t_5<t_6$。用户和项目之间的交互可以表示为 $(u_1,i_1,t_1,1,1)$、$(u_1,i_2,t_2,2,1)$、$(u_1,i_3,t_3,3,1)$、$(u_2,i_2,t_4,1,2)$、$(u_2,i_1,t_5,2,2)$、$(u_2,i_3,t_6,3,2)$。u_1 和 u_2 具有共同的交互项目 i_1 和 i_2，而 u_2 和 u_3 具有共同的交互项目 i_3，以此类推，数据集中的所有五元组构成一个动态图：

$$\mathcal{G}=\{(u,i,t,o_u^i,o_i^u)\,|\,u\in\mathcal{U},i\in\mathcal{V}\} \qquad (3\text{-}46)$$

该模型还定义 t 时刻的动态图 $\mathcal{G}^t\in\mathcal{G}$，它是由所有用户在 t 时刻和 t 时刻之前的交互序列组成的动态图。对于给定的用户序列 $S^u=(i_1,i_2,\cdots,i_k)$，其相应的时间戳序列为 $T^u=(t_1,t_2,\cdots,t_k)$，预测 S^u 的下一个项目相当于预测在图 $\mathcal{G}^{t_k}$ 中的用户节点 u 相连的下一个项目节点。

（2）子图采样。随着用户序列 S^u 长度的增加，与其相关联的序列的数量不断增加，由所有交互组成的动态图的规模也在不断扩大。这将增加科技资源推荐系统的计算成本，并且可能会给目标序列 S^u 引入过多的噪声。为了实现有效的训练和推荐，该模型提出了子图采样的策略。

具体来说，首先以目标用户节点 u 为中心节点，从图 $\mathcal{G}^{t_k}$ 中选择与它最接近的 n 个一阶邻居，也就是与用户节点 u 历史交互的项目，记为 $\mathcal{N}(u)$，其中 n 是用户序列的最大长度。其次，对每一个项目节点 $i\in\mathcal{N}(u)$，用其作为中心节点去随机采样与他们交互的用户，记为 $\mathcal{N}(i)$。以此类推，可以获得节点 u 的多跳邻居，这样能够形成 u 序列 S^u 的 m 阶子图 $\mathcal{G}_u^m(t_k)$。

（3）动态图注意力神经网络主要用于对采样的子图编码，其包含节点间的信息传播和聚合机制，使得不同用户间的序列信息互相传播和更新。

1）消息传播机制

消息传播机制旨在学习节点信息在 $\mathcal{G}_u^m(t_k)$ 图中传播时，用户到项目以及项目到用户的信息传播系数。为此，本节结合注意力机制与节点交互次序设计了动态图注意力机制。随着用户序列长度的增加，序列中的历史项目对用户兴趣的影响也在变化。例如，项目 i_1 在序列 (i_1,i_2,i_3) 和序列 (i_1,i_2,i_3,i_4,i_5) 中对用户最新的偏好的影响是不同的。同理，用户节点构成的序列也符合上述规律。为了动态地利用用户与项目的交互次序信息，受文献[45]的启发，本节在节点信息传播中使用相对顺序编码代替绝对顺序编码[45-47]。

项目 $\rightarrow$ 用户：对于五元组 (u,i,t,o_u^i,o_i^u)，定义 r_u^i：$r_u^i=|\mathcal{N}(u)|-o_u^i$ 作为项目 i

到序列最后一个项目的相对次序，其中 $|\mathcal{N}(u)|$ 是 u 的一阶邻居数量。对于每一个离散值 r，定义一个唯一的参数向量 $p_r^K \in R^d$ 作为编码相对次序嵌入。模型利用 p_r^K 影响 $h_u^{(l-1)}$ 和它的邻居节点表达 $h_i^{(l-1)}$ 之间的注意力系数 e_{ui}。模型采用第 $l-1$ 层节点嵌入 $h_u^{(l-1)}$ 和 $h_i^{(l-1)}$ 作为输入，具体公式如式（3-47）所示：

$$e_{ui} = \left(W_1^{(l-1)} h_u^{(l-1)}\right)^T \left(W_2^{(l-1)} h_i^{(l-1)} + p_{r_i}^K\right) \cdot d^{-1/2}, \quad i \in \mathcal{N}(u) \tag{3-47}$$

其中，$W_1^{(l-1)}$ 和 $W_2^{(l-1)}$ 表示网络第 $l-1$ 层的矩阵参数；h_u^0 和 h_i^0 分别表示用户嵌入 e_u 和项目嵌入 e_i；d 表示嵌入的维数，$d^{-1/2}$ 是为了加速收敛。用户和相邻项目之间的传播系数通过以下归一化函数获得

$$\alpha_{ui} = \frac{\exp(e_{ui})}{\sum_{i_k \in \mathcal{N}_u^1} \exp(e_{uk})} \tag{3-48}$$

用户 → 项目：项目节点的邻居是购买了该项目的用户节点，用符号 $\mathcal{N}(i)$ 来表示，并按照交互的时间对集合中的用户节点进行排序。现有的序列预测方法不能显式建模用户购买次序对项目表达的影响。为了解决这个问题，该模型考虑了次序关系在用户到项目节点信息传播中的作用。具体来说，对于每一个交互的五元组 (u,i,t,o_u^i,o_i^u)，$r_u^i = |\mathcal{N}(u)| - o_i^u$ 作为用户 u 的用户组成序列中的相对次序，其中 $|\mathcal{N}(ui)|$ 是 i 的一阶邻居数。类似地，用户到项目的注意力系数的计算公式如式（3-49）所示：

$$e_{iu} = \left(W_2^{(l-1)} h_i^{(l-1)}\right)^T \left(W_1^{(l-1)} h_u^{(l-1)} + p_{r_u}^K\right) \cdot d^{-1/2}, \quad u \in \mathcal{N}(i) \tag{3-49}$$

最后的项目和相邻用户之间的传播系数通过以下归一化函数获得

$$\beta_{iu} = \frac{\exp(e_{iu})}{\sum_{u_k \in \mathcal{N}(i)} \exp(e_{iu_k})} \tag{3-50}$$

2）消息聚合机制

在这部分，DGSR 模型分别聚合了用户的邻居和项目的邻居传播的信息，来更新 $\mathcal{G}_u^m(t_k)$ 中的节点表达。

用户节点更新：从第 $l-1$ 层到第 l 层的表达更新函数如式（3-51）和式（3-52）所示：

$$\widehat{h_u} = \sum_{i \in \mathcal{N}_u^1} a_{ui} \left(W_2^{(l-1)} h_i^{(l-1)} + p_{r_i}^V\right) \tag{3-51}$$

$$h_u^{(l)} = \tanh\left(W_3^{(l)} \left[\widehat{h_u} \| h_u^{(l-1)}\right]\right) \tag{3-52}$$

其中，$W_3^{(l)} \in R^{d \times 3d}$ 表示用户的聚合矩阵；$p_{r_u^i}^V \in R^d$ 表示用户消息聚合的相对顺序嵌入。

项目节点更新：类似于用户节点更新机制，项目节点的更新规则如式（3-53）和式（3-54）所示：

$$\widehat{h_i} = \sum_{i \in \mathcal{N}_i} \beta_{iu} \left(W_1^{(l-1)} h_u^{(l-1)} + p_{r_i^u}^V \right) \quad (3\text{-}53)$$

$$h_i^{(l)} = \tanh\left(W_4^{(l)} \left[\widehat{h_i} \| h_i^{(l-1)} \right] \right) \quad (3\text{-}54)$$

其中，$W_4^{(l)} \in R^{d \times 3d}$ 表示项目的聚合矩阵；$p_{r_i^u}^V \in R^d$ 表示项目消息聚合的相对顺序嵌入。

（4）科技资源推荐。在 DGSR 模型中，预测下一次交互 $S^u = (i_1, i_2, \cdots, i_k)$ 相当于预测用户节点 u 在子图 $\mathcal{G}_u^m(t_k)$ 中链接的项目节点。因此，在 $\mathcal{G}_u^m(t_k)$ 上执行 L 层动态图注意力神经网络后，可以获得 u 节点的多层嵌入 $\left\{ h_u^{(0)}, h_u^{(1)}, \cdots, h_u^{(L)} \right\}$，每一层中包括了用户嵌入 $h_u^{(l)}$。用户节点在不同层的嵌入表示用户的不同偏好[43]，因此将用户节点在所有层的嵌入表达拼接起来，作为用户 u 的最终表达：

$$h_u = h_u^{(0)} \| h_u^{(1)}, \cdots, \| h_u^{(L)} \quad (3\text{-}55)$$

给定一个候选项目 $i \in I$，链接预测的函数定义为

$$s_{ui} = [h_u \| h_I]^T W_P \cdot e_i \quad (3\text{-}56)$$

其中，s_u 表示 u 的每一个候选项目的得分向量；$W_P \in R^{(L+1)d \times d}$ 表示一个可以训练的参数矩阵。DGSR 模型选择得分值 s_{ui} 最高的候选项目进行推荐。

（5）模型训练。为了训练模型参数，该模型选择交叉熵损失作为损失函数，损失函数如下：

$$\widehat{\mathcal{Y}}_u = \text{softmax}(s_u) \quad (3\text{-}57)$$

$$\text{Loss} = -\sum_{S} \sum_{i=1}^{|I|} \mathcal{Y}_{ui} \log(\hat{\mathcal{Y}}_{ui}) + (1 - \mathcal{Y}_{ui}) \log(1 - \hat{\mathcal{Y}}_{ui}) + \lambda \|\Theta\|_2 \quad (3\text{-}58)$$

3.2.5 应用案例

为了验证模型的效果，我们将本节介绍的模型在维基百科的编辑数据集[22]上进行了实验。我们选择了 1000 个被编辑次数最多的页面作为项目，选择至少编辑过 5 次页面的用户作为研究用户，其中包含 8227 个用户，一共生成了 157 474 次用户–项目交互。我们将编辑过的文本页面转化成 LIWC[23]特征向量作为交互的特征。

我们采用两个常用的评估指标来评估模型的性能。

（1）平均排序倒数（mean reciprocal rank，MRR）：推荐项目中真值的倒数排名的平均值。MRR 衡量的是推荐排名的顺序，MRR 值越大，说明正确的推荐越靠前，计算公式为

$$\mathrm{MRR} = \frac{1}{|N|} \sum_{i=1}^{|N|} \frac{1}{\mathrm{rank}_u} \quad (3\text{-}59)$$

其中，rank_u 表示用户 u 真实交互的项目在所有推荐项目中的排名。

（2）召回值（Recall@K）：表示推荐的前 K 个项目中真值所占的比例的平均值，计算公式为

$$\mathrm{Recall@}10 = \frac{n_{\mathrm{hit}}}{n_{\mathrm{test}}} \quad (3\text{-}60)$$

其中，n_{hit} 表示前 10 个推荐列表中真实值的数量；n_{test} 表示测试用例的数量。

从实验结果表 3-2 可以发现：本节介绍的模型 DGCF、SR-GNN 和 DGSR 都优于当前主流的基准模型。其中，DGCF 作为基于动态图的协同过滤模型，能够显式建模动态场景下用户和项目的协同信息；SR-GNN 作为基于图的序列模型，在捕捉序列内部复杂的转换关系上具有显著优势；DGSR 作为动态图模型与序列模型的有机结合，在序列内和跨序列信息建模方面具有显著优势，可以为科技资源的精准推荐提供更多助力。

表 3-2　本节模型与主流模型效果对比

指标	LSTM	Time-LSTM	RRN	CTDNE	Deep Coevolve	Jodie	DGCF	SR-GNN	DGSR
Recall@10	0.495	0.353	0.628	0.056	0.563	0.821	0.852	0.906	0.918
MRR	0.332	0.251	0.530	0.035	0.515	0.746	0.786	0.803	0.813

参 考 文 献

[1] Rendle S. Factorization machines[R]. The 10th IEEE International Conference on Data Mining, 2010.

[2] He X N, Chua T S. Neural factorization machines for sparse predictive analytics[R]. The 40th International ACM SIGIR Conference on Research and Development in Information Retrieval, 2017.

[3] Cheng H T, Koc L, Harmsen J, et al. Wide & Deep learning for recommender systems[R]. The 1st Workshop on Deep Learning for Recommender Systems, 2016.

[4] Guo H F, Tang R M, Ye Y M, et al. DeepFM: a factorization-machine based neural network for CTR prediction[R]. The 26th International Joint Conference on Artificial Intelligence, 2017.

[5] Wang R X, Fu B, Fu G, et al. Deep & Cross network for ad click predictions[R]. The 23rd ACM SIGKDD International Conference on Knowledge Discovery and Data Mining, 2017.

[6] Lian J X, Zhou X H, Zhang F Z, et al. xDeepFM: combining explicit and implicit feature interactions for recommender systems[R]. The 24th ACM SIGKDD International Conference on Knowledge Discovery & Data Mining, 2018.

[7] Juan Y, Zhuang Y, Chin W S, et al. Field-aware factorization machines for CTR prediction[R].The 10th ACM Conference on Recommender Systems, 2016.

[8] Xiao J, Ye H, He X N, et al. Attentional factorization machines: learning the weight of feature interactions via attention networks[R]. The 26th International Joint Conference on Artificial Intelligence, 2017.

[9] Zhang W N, Du T M, Wang J. Deep learning over multi-field categorical data: a case study on user response prediction[R]. European Conference on Information Retrieval, 2016.

[10] Mikolov T, Sutskever I, Chen K, et al. Distributed representations of words and phrases and their compositionality[R]. The 26th International Conference on Neural Information Processing Systems, 2013.

[11] Perozzi B, Al-Rfou R, Skiena S. Deepwalk: online learning of social representations[R]. The 20th ACM SIGKDD International Conference on Knowledge Discovery and Data Mining, 2014.

[12] Grover A, Leskovec J. Node2Vec: scalable feature learning for networks[R]. The 22nd ACM SIGKDD International Conference on Knowledge Discovery and Data Mining, 2016.

[13] Tang J, Qu M, Wang M Z, et al. LINE: large-scale information network embedding[R]. The 24th International Conference on World Wide Web, 2015.

[14] Scarselli F, Gori M, Tsoi A C, et al. The graph neural network model[J]. IEEE Transactions on Neural Networks, 2009, 20（1）：61-80.

[15] Li Y J, Tarlow D, Brockschmidt M, et al. Gated graph sequence neural networks[R]. International Conference on Learning Representations, 2016.

[16] Kipf T N, Welling M. Semi-supervised classification with graph convolutional networks[Z]. arXiv preprint arXiv, 2016: 1609.02907.

[17] Hamilton W L, Ying R, Leskovec J. Inductive representation learning on large graphs[R]. The 31st International Conference on Neural Information Processing Systems, 2017.

[18] Veličković P, Cucurull G, Casanova A, et al. Graph attention networks[R]. International Conference on Learning Representations, 2018.

[19] Li Z K, Cui Z Y, Wu S, et al. Fi-GNN: modeling feature interactions via graph neural networks for CTR prediction[R]. The 28th ACM International Conference on Information and Knowledge Management, 2019.

[20] Du L, Wang Y, Song G J, et al. Dynamic network embedding: an extended approach for Skip-Gram based network embedding[R]. The 27th International Joint Conference on Artificial Intelligence, 2018.

[21] Cheng C, Xia F, Zhang T, et al. Gradient boosting factorization machines[R]. The 8th ACM Conference on Recommender Systems, 2014.

[22] Kossinets G. Processed Wikipedia edit history[DB]. 2012.

[23] Rendle S, Freudenthaler C, Schmidt-Thieme L. Factorizing personalized Markov chains for next-basket recommendation[R]. The 19th International Conference on World Wide Web, 2010.

[24] Hidasi B, Karatzoglou A, Baltrunas L, et al. Session-based recommendations with recurrent neural networks[R]. International Conference on Learning Representations, 2016.

[25] Cui Z Y, Li Z K, Wu S, et al. Dressing as a whole: outfit compatibility learning based on node-wise graph neural networks[R]. The World Wide Web Conference, 2019.

[26] Yu W C, Cheng W, Aggarwal C C, et al. Netwalk: a flexible deep embedding approach for anomaly detection in dynamic networks[R]. The 24th ACM SIGKDD International Conference on Knowledge Discovery & Data Mining, 2018.

[27] Gehrke J, Ginsparg P, Kleinberg J. Overview of the 2003 KDD cup[J]. ACM SIGKDD Explorations Newsletter, 2003, 5（2）: 149-151.

[28] Gori M, Monfardini G, Scarselli F. A new model for learning in graph domains[R]. IEEE International Joint Conference on Neural Networks, 2005.

[29] Goyal P, Chhetri S R, Canedo A. dyngraph2vec: capturing network dynamics using dynamic graph representation learning[J]. Knowledge-Based Systems, 2019, 187: 104816.

[30] Goyal P, Kamra N, He X R, et al. DynGEM: deep embedding method for dynamic graphs[R]. International Joint Conference on Artificial Intelligence, 2017.

[31] Zhang J, Dong Y X, Wang Y, et al. ProNE: fast and scalable network representation learning[R]. International Joint Conference on Artificial Intelligence, 2019.

[32] Mikolov M, Sutskever I, Chen K, et al. Distributed representations of words and phrases and their compositionality[R]. Conference and Workshop on Neural Information Processing Systems, 2013.

[33] Belkin M, Niyogi P. Laplacian eigenmaps and spectral techniques for embedding and clustering[R]. The 14th International Conference on Neural Information Processing Systems: Natural and Synthetic, 2001.

[34] Cao S S, Lu W, Xu Q K. Grarep: learning graph representations with global structural information[R]. The 24th ACM International on Conference on Information and Knowledge Management, 2015.

[35] Chen J, Ma T F, Xiao C. FastGCN: fast learning with graph convolutional networks via importance sampling[R]. International Conference on Learning Representations, 2018.

[36] Tan Y K, Xu X X, Liu Y. Improved recurrent neural networks for session-based recommendations[R]. The 1st Workshop on Deep Learning for Recommender Systems, 2016.

[37] Tuan T X, Phuong T M. 3D convolutional networks for session-based recommendation with content features[R]. The 11th ACM Conference on Recommender Systems, 2017.

[38] Wu S, Tang Y Y, Zhu Y Q, et al. Session-based recommendation with graph neural networks[R].

The AAAI Conference on Artificial Intelligence, 2019.

[39] Li J, Ren P J, Chen Z M, et al. Neural attentive session-based recommendation[R]. The 2017 ACM on Conference on Information and Knowledge Management, 2017.

[40] Li X H, Zhang M Q, Wu S, et al. Dynamic graph collaborative filtering[R]. IEEE International Conference on Data Mining, 2020.

[41] Zhang M Q, Wu S, Yu X L, et al. Dynamic graph neural networks for sequential recommendation[Z]. arXiv: 2014. 07368.

[42] Beck D, Haffari G, Cohn T. Graph-to-sequence learning using gated graph neural networks[R]. The Association for Computational Linguistics, 2018.

[43] Hou C B, Zhang H, Tang K, et al. DynWalks: global topology and recent changes awareness dynamic network embedding[Z]. arXiv preprint 2019, arXiv: 1907.11968.

[44] Li Q, Han Z, Wu X M. Deeper insights into graph convolutional networks for semi-supervised learning[R]. Association for the Advancement of Artificial Intelligence, 2018.

[45] Kang W C, McAuley J. Self-attentive sequential recommendation[R]. IEEE International Conference on Data Mining, 2018.

[46] Vaswani A, Shazeer N, Parmar N, et al. Attention is all you need[R]. The 31st International Conference on Neural Information Processing Systems, 2017.

[47] Wang X, He X N, Wang M, et al. Neural graph collaborative filtering[R]. The 42nd International ACM SIGIR Conference on Research and Development in Information Retrieval, 2019.

第4章　科技资源的快速搜索服务模式研究

4.1　科技大数据协同索引

4.1.1　研究背景

在科技资源大数据搜索问题中,数据库中的样本通常以高维特征向量的形式保存,当科技资源数据规模很大时,会耗费相当大的存储开销;此外,在线检索时,为确定数据库中各个样本与查询样本的相关性的排序,需要计算每个数据库样本和查询样本在特征上的相似性,当科技资源数据规模很大时,其计算开销也会非常大。因此,如何高效地存储和索引是科技资源大数据检索中的一个关键性问题。

为了完备地表达科技大数据的语义,常常对一个数据样本提取多种特征,每种特征向量表达数据的不同属性。例如,科技大数据中的图像数据,可以采用局部视觉特征 SIFT（scale invariant feature transform,尺度不变特征变换）[1]反映图像的局部区域特性,也可以采用全局卷积神经网络[2]特征表达图像的语义信息。为了处理大规模的科技大数据,可以引入信息检索中的倒排索引技术,为数据样本的每一种特征构建一组倒排索引表,以满足大规模科技资源检索的需要。然而,多特征表达和索引意味着更多的存储开销和计算开销,因此有必要对这种多索引表进行融合和压缩。为此,我们提出了一种新颖的协同索引嵌入方法,以高效地存储数目巨大的科技资源数据库的多源特征,并有效减少线上检索所需的时间。首先,生成数据样本在不同特征下的稀疏索引矩阵;然后将索引嵌入形式化为数据样本共享邻域的优化问题。两个索引矩阵通过邻居结构的跨索引保持被交替地更新。在迭代更新之后,仅保留其中一个索引矩阵,以实现更好的在线检索性能。

4.1.2　协同索引嵌入

协同索引嵌入的关键是鼓励科技大数据库中的邻居结构在不同空间中共享。为了实现这个目标,我们迭代地更新不同的特征索引。换句话说,为了跨索引嵌入邻居结构,我们将在一种特征的索引矩阵的最近邻结构的指导下,修正另一种特征的索引矩阵。如果在一种特征空间中两个数据样本互为最近邻,那么在另一种特征空间中，这两个数据样本的特征距离应该被拉近，以使其成为该特征空间中的最近邻。不妨假设每个数据样本被表达为两种特征（C 和 S）的向量，基于以上分析，我们定义代价函数：

$$C(\widetilde{M_C},\widetilde{M_S}) = -\sum_{u \in P} \frac{|R_C(u) \cup R_S(u)|}{|R_C(u) \cap R_S(u)|} + \mu \|\Phi_C\|_F + \lambda \|\Phi_S\|_F \tag{4-1}$$

其中，$|\cdot|$ 表示集合的势；$R_C(u)$ 和 $R_S(u)$ 表示数据样本 u 在两种特征索引矩阵 $\widetilde{M_C}$ 和 $\widetilde{M_S}$ 中的最近邻；$\|\cdot\|_F$ 表示 Frobenius 范数。$\widetilde{M_C}$ 和 $\widetilde{M_S}$ 表示优化后的特征索引矩阵，定义为

$$\widetilde{M_C} = M_C + \alpha \cdot I(M_C) \odot (M_C \Phi_S) \tag{4-2}$$

$$\widetilde{M_S} = M_S + \alpha \cdot I(M_S) \odot (M_S \Phi_C) \tag{4-3}$$

其中，α 表示常数加权因子；$I(\cdot)$ 表示狄拉克函数，当输入元素为 0 时输出为 1；$\odot$ 表示按位乘法；$I(M_C)$ 和 $I(M_S)$ 表示原始索引矩阵 M_C 和 M_S 中只有 0 元素被优化过程更新，使得缺失的单词被数据样本的相关邻居补全。Φ_S 和 Φ_C 表示嵌入矩阵，定义如下：

$$\Phi_S(k,i) = \begin{cases} 1, & k \neq i, I_k \in R_S(I_i) \\ 0, & \text{其他} \end{cases} \tag{4-4}$$

$$\Phi_C(k,i) = \begin{cases} 1, & k \neq i, I_k \in R_C(I_i) \\ 0, & \text{其他} \end{cases} \tag{4-5}$$

$R_S(I_i)$ 和 $R_C(I_i)$ 互为近邻集合，为避免严重噪声邻居的干扰，$R_S(u)$ 和 $R_C(u)$ 定义如下：$R_S(I_i) = \{I_j \mid I_j \in N_S(I_i,p), I_i \in N_S(I_j,m)\}$，$R_C(I_i) = \{I_j \mid I_j \in N_C(I_i,p), I_i \in N_C(I_j,m)\}$，其中 $N_S(I_i,p)$ 表示数据样本 I_i 在特征 S 下的索引矩阵 $\widetilde{M_S}$ 中最近的 p 个邻居的集合，$N_C(I_i,q)$ 表示数据样本 I_i 在特征 C 下的索引矩阵 $\widetilde{M_C}$ 中最近的 q 个邻居的集合。因此，$\|\Phi_C\|_F$ 和 $\|\Phi_S\|_F$ 可以被 p 和 q 隐式地决定。基于上述讨论，我们的目标是优化 $\widetilde{M_C}$ 和 $\widetilde{M_S}$ 的最小化代价函数 $C(\widetilde{M_C},\widetilde{M_S})$，即

$$(\widetilde{M_C^*},\widetilde{M_S^*}) = \arg\min_{(M_C,M_S)} C(\widetilde{M_C} \mid \widetilde{M_S}) \tag{4-6}$$

同时优化 $\widetilde{M_C}$ 和 $\widetilde{M_S}$ 是非常困难的，因此我们提出了一种交替迭代的方法进行优化。

首先初始化 $\widetilde{M_S} = M_S$ 并固定，优化 $\widetilde{M_C}$：

$$\widetilde{M_C^*} = \arg\min_{\widetilde{M_C}} C(\widetilde{M_C} \mid \widetilde{M_S}) \tag{4-7}$$

然后固定 $\widetilde{M_C}$，优化 $\widetilde{M_S}$：

$$\widetilde{M_S^*} = \arg\min_{\widetilde{M_S}} C(\widetilde{M_S} \mid \widetilde{M_C}) \tag{4-8}$$

这两个步骤交错迭代直到达到预定的迭代次数。

为了优化式（4-7）中的代价函数，我们首先根据式（4-4）计算基于特征 S 的数据样本表达 M_S 的 Φ_S 矩阵，再根据式（4-2）更新 M_C。然后基于特征 C 的数据样本表达的索引矩阵 M_C，对每个数据样本的索引向量重新归一化。类似地，为了优化式（4-8）中的代价函数，根据式（4-5）计算 Φ_C，然后根据式（4-3）更新 M_S。在训练过程中，两种特征的近邻结构会越来越相似，因此，在检索任务中，只需要保存一种特征的索引文件。一般地，可以基于对索引存储开销和检索精度的综合考虑，选择最合适的一种特征索引文件用于最后的科技大数据搜索任务。

4.2 基于哈希技术的跨模态搜索

4.2.1 研究背景

随着互联网的普及，网络上越来越多的科技资源被分享，如专利、文献、科技报告等。为了方便用户快速找到感兴趣的内容，检索技术成为科技资源应用中的关键技术。在一个大规模科技资源检索系统中，最关键的组成成分是科技资源数据的特征表达。一个好的特征表达应该具有足够的区分性和紧凑性，使得检索系统能够在规定的内存和时间消耗下，返回尽可能准确的检索结果。

近年来深度学习技术飞速发展，基于深度神经网络的特征学习被广泛用于检索任务中的数据样本表征学习。为了降低存储特征的内存消耗并加快在线距离计算，以及学习数据样本的特征表达和哈希或量化函数，大量的深度紧凑特征学习方法[3,4]被提出。然而，现有的深度紧凑特征学习方法大多数是有监督的，需要以类别标签或成对相似性标注作为监督信息，训练深度神经网络。在实际的大规模检索数据库中，这些监督信息的获取会消耗大量的人力物力。

另外，在科技资源分享网站中，一些数据样本可能被用户添加文本描述信息（tag），这些 tag 往往包含一定的和数据样本语义内容相关的信息。因此，tag 可以作为科技资源数据样本特征表达学习过程中的监督信息。相比于准确的人工标签，tag 更易获得，不需要耗时耗力。然而，一些 tag 与科技大数据样本的语义无关，可能会干扰特征表达的学习，从而对检索系统的精度造成负面影响。

为了解决科技大数据 tag 中包含噪声的问题，我们提出了一种新颖的深度弱监督哈希方法，重定义 tag 为自适应的弱监督信息，以增强科技大数据特征表达学习。此方法直接抽取科技大数据特征表达，并投影到 tag 特征表达空间。在 tag 特征空间中，科技大数据和 tag 之间的相似性可以通过常用的距离度量方法计算。

根据科技大数据所包含的 tag 之间的相似性，本方法对于每个科技大数据样本，使深度神经网络输出的科技大数据特征与其对应 tag 的平均特征表达保持一致。训练后的科技大数据特征能够包含一定的语义内容信息。根据以上分析，我们设计了一种有效的优化科技大数据相似性度量的方法，通过重定义 tag 集合最大化科技大数据特征与对应 tag 特征之间的相似性。tag 集合更新之后，科技大数据特征表达被重新学习。本节提出的方法迭代交替进行科技大数据特征表达学习和描述文本 tag 更新这两个阶段，直到固定的迭代次数。下面分别介绍上述两个优化阶段。

4.2.2 深度弱监督特征表达学习

在第一阶段中，可以采用深度神经网络模型学习基于科技大数据语义内容的特征表达和二值码；可根据数据的模态类型，选择一些公开的预训练深度学习模型。为了学习到足够紧凑并具有区分性的科技大数据特征，tag 信息被用作弱监督信息。为了使科技大数据特征表达具有区分性，训练过程优化目标使得其与对应的 tag 特征表达之间的相似性最大化，与非对应的 tag 特征表达之间的相似性最小化。该优化目标被整理如式（4-9）所示：

$$L_1(\Theta) = \sum_{i=1}^{n} \sum_{j=1, j \neq i}^{n} \max(0, \varepsilon + w_j^{(k)} x_i^T - w_i^{(k)} x_i^T) \quad (4-9)$$

其中，w_i 和 w_j 表示 tag_i 和 tag_j 的特征向量；x_i 表示科技大数据的特征向量。

为了使科技大数据特征紧凑，通过神经网络全连接层将原始高维的浮点型科技大数据特征 x_i 投影到低维浮点型向量 $h_i = f(I_i; \{\Theta, \theta_b\})$，$\theta_b$ 表示神经网络全连接层参数。通过阈值化操作，h_i 被进一步量化到二值码 b_i。为了避免二值化过程中的信息损失，保持原始特征空间的检索精度，二值码之间的相似性应该与弱监督 tag 特征之间的相似性保持一致。该优化目标形式化如式（4-10）所示：

$$L_2(\Theta, \theta_b) = \| D - D_w \|_F^2 \quad (4-10)$$

其中，$D \in [0,1]^{n \times n}$ 表示 Hamming 空间中二值码之间的非相似性，矩阵中的每个元素计算如下 $D(i,j) = \frac{1}{L} \| b_i - b_j \|_2$；$D_w \in [0,1]^{n \times n}$ 表示 tag 特征空间中成对特征之间的非相似性，矩阵中每个元素计算如下 $D_w(i,j) = \frac{1}{4} \| w_i - w_j \|_2$。

为了进一步降低二值化过程中的量化误差，最大化固定长度的二值码所能传递的信息量，二值量化误差应该被最小化，单比特的平衡性应该被最大化。该优化目标形式如式（4-11）所示：

$$L_3(\Theta, \theta_b) = -\| H - 0.5 \|_F^2 + \sum_{k=1}^{L} \left| \sum_{i=1}^{n} (h_{(i,k)} - 0.5) \right| \quad (4-11)$$

其中，$H = \{h_i\}_{i=1}^n \in [0,1]^{n \times L}$ 表示哈希层 FC_b 的输出；L 表示 FC_b 层输出单元的数目，即每个二值码的码长；$h_{(i,k)}$ 表示哈希层 FC_b 中第 k 个输出单元的输出。L_3 损失中第一项表示量化误差。最小化二值量化误差使得哈希层每个输出单元尽可能接近 0 或 1，等价于使得每个输出单元远离中间值 0.5。L_3 损失中第二项表示平衡性测度，最小化平衡性测度使得每个输出单元尽可能均等概率地输出 0 或 1，实现单比特信息量的最大化。

综上所述，深度弱监督特征表达学习阶段的整体优化目标如式（4-12）所示：

$$L(\Theta, \theta_b) = \lambda_1 L_1 + \lambda_2 L_2 + \lambda_3 L_3 \tag{4-12}$$

其中，$\lambda_1, \lambda_2, \lambda_3$ 表示超参数，控制三项优化目标的相对重要性。由于待优化参数仅包含骨干网络和全连接层参数，因而可以采用随机梯度下降法优化深度卷积神经网络参数，梯度通过后向传播逐层计算更新。

4.2.3 描述文本更新

在上一阶段中，每个科技大数据样本的描述文本 tag 被直接作为弱监督信息指导科技大数据特征的表达学习。然而，在科技资源分享网站中，科技大数据样本的描述文本并不总是与科技大数据样本的内容相匹配。一些 tag 描述了与科技大数据样本内容无关的信息，并且这样的样本可能存在于不同语义的科技数据样本中。直接将与此内容无关的 tag 作为科技大数据特征表达学习的弱监督信息，会使得两个内容不同的科技大数据样本生成相似的特征表达，干扰特征表达的区分。为解决上述问题，我们提出了一种基于科技大数据样本内容的 tag 重定义算法，该算法通过最大化科技大数据样本与 tag 之间的相似性，根据科技大数据内容自适应地添加或移除 tag。科技大数据样本与 tag 之间的相似性目标定义如式（4-13）所示：

$$L_4(T^{(k)}) = -\mathrm{tr}(W^{(k)} X^T) = -\mathrm{tr}(T^{(k)} V X^T) \tag{4-13}$$

其中，$\mathrm{tr}(\bullet)$ 表示矩阵的迹；$W^{(k)} \in R^{n_k \times d}$ 表示第 k 次迭代时 n_k 个随机采样的科技大数据的对应描述文本 tag 的特征矩阵，d 表示 tag 特征向量的维度。$W^{(k)}$ 中每行 $W_i^{(k)}$ 表示科技大数据样本 I_i 对应的 tag 集合的平均 Word2Vec 向量。因此，$W^{(k)} = T^{(k)} V$，$T^{(k)} \in [0,1]^{n_k \times m}$ 表示 n_k 个科技大数据样本的tag集合，每个元素 $t_{ij} = 1$ 表示科技大数据样本 I_i 包含第 j 个 tag；反之，$t_{ij} = 0$ 表示科技大数据样本 I_i 不包含第 j 个 tag。m 表示数据集中总共的 tag 数目。$V \in R^{m \times d}$ 表示 tag 字典，每行表示一个 tag 对应的 Word2Vec 向量。$X \in R^{n_k \times d}$ 表示科技大数据特征矩阵，第 i 行表示科技大数据样本 I_i 的 FC_t 层输出。

为了优化式（4-13）中的科技大数据 tag 相似性目标，我们对其进一步整理，如式（4-14）所示：

$$L_4(T^{(k)}) = -\mathrm{tr}(T^{(k)}S^{\mathrm{T}}) \ \ \mathrm{s.t.} \ T^{(k)} \in \{0,1\}^{n_k \times m} \tag{4-14}$$

其中，$S^{\mathrm{T}} = XV^{\mathrm{T}} \in R^{n_k \times m}$ 表示科技大数据与数据库中所有 tag 的相似性。根据式（4-14），不同科技大数据样本的 tag 集合更新是独立的。因此，我们可以序列地更新每个科技大数据样本的 tag 集合。对于科技大数据样本 I_i，其 tag 优化目标如式（4-15）所示：

$$\min_{t_i^{(k)}} -t_i^{(k)} S_i^{\mathrm{T}} = \max_{t_i^{(k)}} \sum_{j=1}^{m} t_{ij}^{(k)} S_{ij} \tag{4-15}$$

其中，$t_i^{(k)} \in \{0,1\}^m$ 表示科技大数据样本 I_i 的 tag 集合，是一个稀疏向量，仅在当前图像包含 tag 位置上为 1。优化式（4-15），等价于最大化向量 $t_i^{(k)}$ 与 S_i 之间的内积，S_i 表示相似性矩阵的第 i 行，表示科技大数据样本 I_i 与所有 tag 之间的相似性。因此，我们采用一种简单高效的贪心算法优化式（4-15），迭代地添加与科技大数据样本 I_i 最相似的 tag 进入当前 tag 集合 $t_i^{(k)}$，并移除当前 tag 集合中与科技大数据样本 I_i 最不相似的 tag。该贪心算法迭代地进行直至固定迭代次数。

更新后的 tag 集合与科技大数据样本的内容更加匹配，作为增强的弱监督信息指导科技大数据特征表达更新。科技大数据特征表达更新之后，可以获得更准确的语义内容描述，tag 集合可以被进一步更新。因此，本节所提出的方法迭代交替进行科技大数据样本特征表达学习和描述文本 tag 重定义，直至固定迭代次数。

4.3　科技资源搜索重排序研究

4.3.1　研究现状

随着互联网的飞速发展和移动智能终端的普及，互联网中的图像数据呈爆炸式增长。数十亿人在网上共享和浏览照片与视频。为了让用户能够快速地从这些多媒体数据中找到自己感兴趣的内容，多媒体检索技术受到了广泛的关注并且得到了快速的发展。在海量的数据面前，如何设计高效的检索算法一直是国内外学术界与工业界的研究热点。科技大数据作为多媒体数据的重要组成部分，已经成为信息检索领域关注的重点。

科技资源检索任务是根据给定的查询科技资源，在大规模的科技资源数据库中检索和查询与其相关的科技资源。然而原始的检索结果可能不尽如人意，检索重排序是一种能够有效提升检索性能的后处理方法。检索重排序主要包括扩展查询和基于 K 近邻的重排方法。扩展查询方法将检索结果列表中靠前的结果的特征与查询特征相加，得到一个新的查询特征，并以此进行二次检索。扩展查询方法的核心是根据返回的前几个检索结果，与原始查询特征一起重构查询科技资源的特征，并以此做二次检索。该方法的缺陷在于需要做二次检索甚至是多次检索，当数据库规模很大的时候，该方法会严重影响检索的效率。基于 K 近邻的重排方法通过挖掘数据库中样本间的 K 近邻结构关系得到新的相关度排序。基于 K 近邻的重排方法需要在查询时构建 K 近邻关系并进行相似性传播，这同样会对检索效率产生影响。

4.3.2 基于协同相关学习的重排序方法

针对上述问题，我们提出了基于协同相关学习的检索重排序方法，该方法能够在保证重排序性能的同时保证检索系统要求的实时性，并且可应用于通用的检索系统。首先，截取原始的检索结果列表，保留前 L 个结果，依据特征的余弦相似性将列表表示为相似性矩阵，再根据相似性矩阵计算其相关系数矩阵；其次，训练一个轻量的卷积神经网络，网络由三个卷积层构成，网络的训练目标是对列表中样本的真实相关度进行排序；最后，将测试样本输入网络，网络输出的第一行及第一列的信息就代表了列表中的样本与查询样本的相关性，因此可以将其用于重排序。此外，每个查询样本的最佳重排长度是不同的，因此应采用检索质量评价的方法对不同重排长度的结果进行质量评估，将预测的检索质量最高的重排结果作为该查询样本的最佳重排结果。

该方法的框架如图 4-1 所示，左侧表示一个查询样本，查询样本在数据库中做一次检索得到检索结果列表，这一检索过程可通过常规技术实现。例如，提取数据库及查询科技资源的卷积神经网络特征，做一次检索，即可得到检索结果列表。保留前 L 个结果，根据 L 个结果的特征的相似性，将 L 个结果表示为相似性矩阵 $S=[S_1,S_2,\cdots,S_L]$，S_i 为 S 的第 i 个列向量，$i=1,2,\cdots,L$。若两个样本是相似的，则它们相对于一个参考样本列表的相似性分布也应该是类似的，因此，通过式（4-16）将相似性矩阵转换为相关系数矩阵，相关系数矩阵将作为卷积神经网络的输入：

$$c(i,j)=\frac{\sum_{k=1}^{L}(s_i^k-s_i^-)(s_j^k-s_j^-)}{\sqrt{\sum_{k=1}^{L}(s_i^k-s_i^-)^2}\sqrt{\sum_{k=1}^{L}(s_j^k-s_j^-)^2}} \quad (4-16)$$

其中，$c(i,j)$ 表示相关系数矩阵 c 第 i 行第 j 列的元素；s_i 表示 s 的第 i 个列向量，s_i^k 表示 s_i 的第 k 个元素，s_i^- 表示 s_i 的均值；同理，s_j^k、s_j^- 表示 s 的第 j 个列向量 s_j 的第 k 个元素、s_j 的均值。

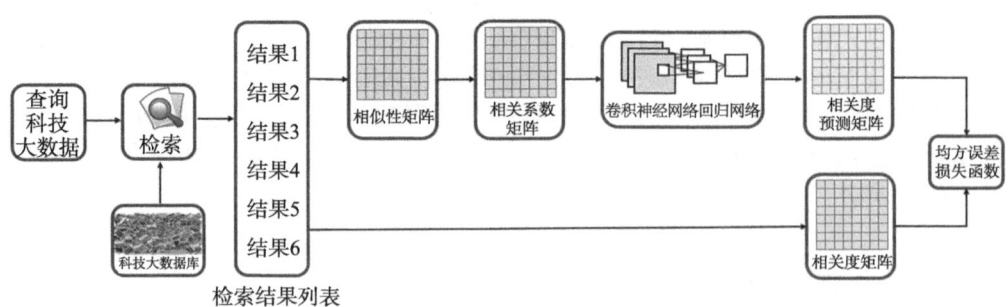

图 4-1 基于协同相关学习的重排序方法的流程示意图

训练卷积神经网络时，目标标签为原始检索结果列表中真实的相关度矩阵 G，其第 i 行第 j 列的元素记为 $G(i,j)$；若前 L 个结果中第 i 个结果与第 j 个样本相关，则相关系数矩阵对应位置的 $G(i,j)$ 为 1，否则为 0。例如，若两个科技资源描述同一个场景或专利，则认为这两个科技资源相关，否则不相关。

将前述步骤得到的相关系数矩阵输入到预先训练好的卷积神经网络，网络输出相关度预测矩阵，相关度预测矩阵的第一行与第一列代表了网络预测的 L 个结果中每一个科技资源与查询科技资源的相关度，网络输出不对称，因此可对第一行与第一列取平均，作为最终的相关度预测结果：

$$E_{\text{mean}} = (Y_{1,i} + Y_{i,1})/2 \quad (4\text{-}17)$$

对相关度的大小做降序排列，得到对应的重排列表。由于每个查询样本的最佳重排长度是不同的，应采用检索质量评价的方法对不同重排长度的结果进行质量评估，将预测的检索质量最高的重排结果作为该查询样本的最佳重排结果。

如图 4-2 所示，设置不同的 L 值（即 $L_1,\cdots,L_K,\cdots,L_n$），对于不同 L 值对应的重排序结果 $P_1,\cdots,P_k,\cdots,P_n$ 等，通过检索质量评价的方法选出检索质量最高的重排序结果作为该查询样本的最终重排结果：

$$R_f = \arg\max_{P_i} \text{DCG}(P_i) \quad (4\text{-}18)$$

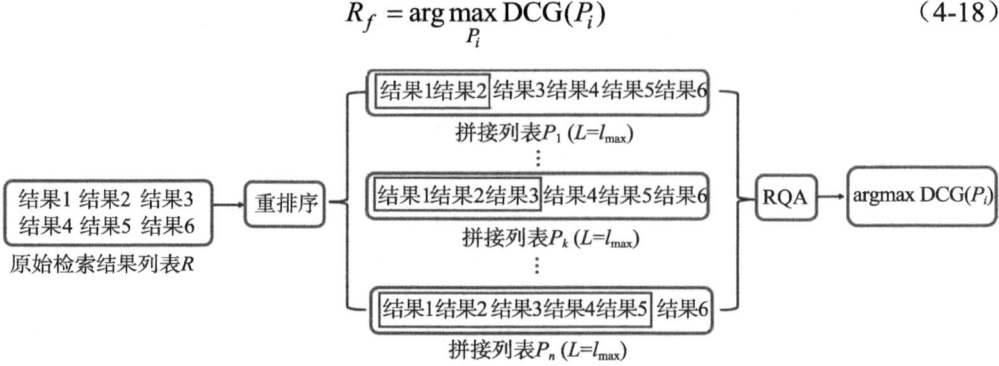

图 4-2 动态选择每个查询样本的重排结果
RQA 表示检索结构质量评价模块

4.3.3 基于上下文相似性聚合的重排序方法

我们提出了一种基于上下文相似性聚合的检索重排序方法，该方法能够在满足检索系统要求的实时性的前提下，大幅提升检索系统的精确度，并且可应用于通用的检索系统。具体地，我们首先根据初次检索结果，选取初次结果中的 Top-L 图像作为锚点图像，对原始结果的前 k 个结果做重排序，计算每个 Top-k 结果与锚点样本的相似性，并将其定义为关联特征。然后我们将 Top-k 结果的关联特征作为一个序列输入到 Transformer 编码器中，使用对比损失函数以及最小均方误差损失函数训练网络，网络的输出即查询样本以及 Top-k 样本更新后的关联特征。待网络训练完成后，在测试阶段用测试样本更新后的关联特征计算 Top-k 结果与查询样本的余弦相似性并对 Top-k 结果重排序。

如图 4-3 所示，在上下文相似性聚合阶段，根据得到的初次检索结果，选取初次检索结果中的 Top-L 个样本作为锚点样本，计算每个 Top-k 样本与锚点样本的相似性，并将其定义为关联特征：

$$a_i = [f_{r_i}^{\mathrm{T}} f_{r_1}, f_{r_i}^{\mathrm{T}} f_{r_2}, \cdots, f_{r_i}^{\mathrm{T}} f_{r_L}]^{\mathrm{T}}, \quad 1 \leqslant i \leqslant K \quad (4\text{-}19)$$

其中，f_{r_i} 表示第 r_i 个图像的特征向量。

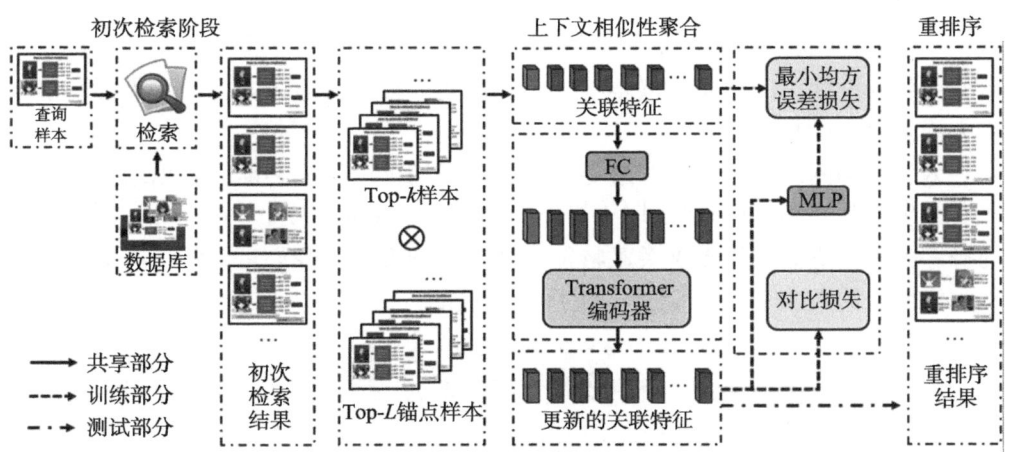

图 4-3 基于上下文相似性聚合的重排序方法的流程示意图
FC 表示全连接层

此时若直接计算查询样本的关联特征与 Top-k 样本的关联特征的相似性，并对 Top-k 样本按照相似性的大小重排，也可得到比原始检索结果更高的性能。为了进一步提升重排序的性能，我们希望聚合 Top-k 样本的关联特征。具体地，对每个 Top-k 样本，使用 Transformer 的编码器结构聚合其他 Top-k 样本的关联特征。

Transformer 编码器能够动态地学习每个 Top-k 候选样本的权值并完成特征聚合。我们将关联特征序列 a_i，$i=1,2,\cdots,K$，输入到编码器中，编码器的输出即更新后的关联特征序列 y_i，$i=1,2,\cdots,K$。

网络由对比损失函数训练。相关样本之间应该有较大的余弦相似性，不相关样本之间应该有较小的余弦相似性，因此我们设计了一个对比损失函数，定义如下：

$$L_C = -\log \frac{\sum_{i=2}^{K} \exp(\text{sim}(y_1, y_i)/\tau) \cdot 1(r_1 \text{ and } r_i \text{ are relevant})}{\sum_{i=2}^{K} \exp(\text{sim}(y_1, y_i)/\tau)} \quad (4\text{-}20)$$

$$\text{sim}(y_i, y_j) = y_i^T y_j / (\|y_i\| \cdot \|y_j\|) \quad (4\text{-}21)$$

其中，$1(\cdot)$ 表示指示函数；τ 表示温度系数；relevant 表示两个图像属于同一个正样本对。y_1 是查询样本更新后的关联特征，y_i 和 y_j（$2 \leqslant i, j \leqslant K$）表示初次检索结果中 Top-k 样本的更新关联特征。当查询样本与相关样本的相似性为 1，与不相关样本的相似性为 0 时，对比损失函数取得最小值。此外，为了保留原始关联特征中的信息，并提升训练的稳定性，我们定义了一个最小均方误差损失函数：

$$L_M = \sum_{i=1}^{K} \|s_i - \text{MLP}(y_i)\|^2 \quad (4\text{-}22)$$

其中，s_i 表示原始视觉特征的相似性矩阵；$\text{MLP}(\cdot)$ 表示一个多层感知机，将更新后的关联特征映射回原始关联特征空间。最终的损失函数为对比损失函数与最小均方误差损失函数相加。

为了增强网络的鲁棒性并避免过拟合，我们提出了一种新的数据增强方法。对同一个训练样本，我们使用不同的特征提取器 $\{\phi(\cdot)_1, \phi(\cdot)_2, \cdots, \phi(\cdot)_M\}$，获取不同的排序列表，进而计算得到关联特征，通过这种方法，我们可以将训练集的大小扩大为原来的 M 倍，并显著提升重排序的性能。

4.4 科技资源搜索质量评价

4.4.1 研究动机

经过数十年的集中研究之后，很多研究工作都致力于提升检索的性能，并取得了巨大的进步。目前，科技大数据检索的性能评估都依赖于一些带有人工标注的检索基准测试集。本节则考虑在没有标注与用户反馈的情况下，给定一个检索结果列表，自动评估它的检索质量。给定一个查询样本，本节希望科技大数据搜索系统能够找到数据库中所有的科技资源，并按照相关度降序返回给用户。在检索结果中排序靠前的样本(如网页中的第一页搜索结果)至关重要,因为用户会根据他们对结果的第一印象评估检索质量。这与一些常见的信息检索性能度量指标一致,如平均精度(mean average precision)与折损累计增益(discounted cumulative gain, DCG)。当有所有数据库样本关于查询样本的相关性标记时,可以很直接地使用这些性能测度,但现实中的搜索引擎无法实现,因为用户上传的查询样本可能是任意的科技资源,且难以获得每个查询样本的人工标注。因此,评估检索结果的质量有重要的意义。

4.4.2 整体框架

我们定义科技资源数据库为 $D=[d_1,\cdots,d_N]$,其中 d_i 为某个数据库样本,N 为数据库的大小。现定义一个科技资源库,将样本检索过程表示为函数 $F(q,D) \to L$,其中 $L=[d_{k_1},\cdots,d_{k_N}]$ 代表数据库样本,$[k_1,\cdots,k_N]$ 是 $[1,\cdots,N]$ 的某个有序排列。在一个理想的检索结果中,所有与查询样本相关的数据库样本都排列在检索结果列表 L 最前面的部分。

现在对于一个特定的查询样本 q,假设从搜索引擎得到的检索结果列表为 L,则该结果的检索质量可以表示为一个得分函数 $Q(L|D,q)$。在测试集中,可以获得人工标定好的每个查询样本和数据库样本之间的相关性,因此可以通过平均精度、NDCG(normalized discounted cumulative gain,归一化折损累计增益)等评价指标衡量检索的性能。然而,在实际的检索应用中,难以获得标注数据,只能利用查询样本与返回的数据库样本之间的上下文信息对检索的质量进行评估。

本方法的流程图如图 4-4 所示,对于一个检索数据库 D,将查询样本 q 得到的检索结果 L 的真实检索质量记作 $G(L|D;q)$,则本工作的目标可以表示为优化公式:

$$\min_Q \frac{1}{2H} \left\| Q(L_j|D,q_i) - G(L_j|D,q_i) \right\|_2 \tag{4-23}$$

其中,H 表示所有参与测试的查询样本与检索结果列表对 (q_i,L_j) 的数量。本节使用 DCG 评估真实的检索质量,它的定义为

$$\mathrm{DCG}_P(l|D,q) = \sum_{i=1}^{P} \frac{\mathrm{rel}_i}{\log_2(i+1)} = w^\mathrm{T} r \tag{4-24}$$

其中,$\mathrm{rel}_i = \mathrm{relevance}(q, D_{L_i})$ 表示查询样本与 L 中排在第 i 个位置的数据库样本之间的分级相关得分。为了简化表达,定义:

$$w = \left[\frac{1}{\log_2(2)}, \cdots, \frac{1}{\log_2(1+P)} \right] \tag{4-25}$$

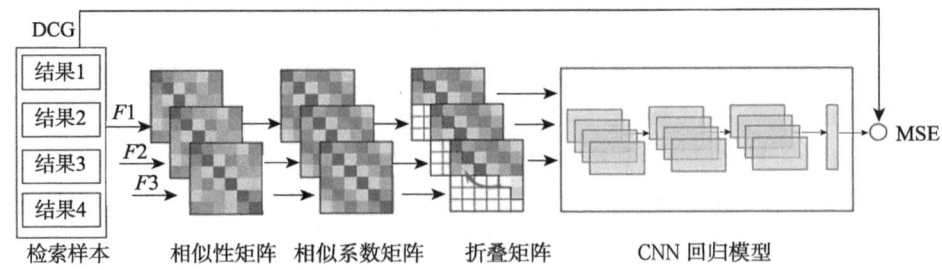

图 4-4 基于卷积神经网络的检索质量评价流程示意图

MSE 表示均方误差，mean square error

$$r = [\text{rel}_1, \cdots, \text{rel}_P] \tag{4-26}$$

DCG 折扣因子 w 是一系列的固定系数，r 表示查询样本与数据库样本的相关性。虽然在无标注的情况下，难以预测查询样本与所有数据库样本的相关性 r，但可以通过回归学习，使用检索质量 Q 对 $G = w^T r$ 进行估计。

如上所述，在没有人工标定信息的情况下，我们只能利用检索结果列表中的上下文信息对检索质量进行评估。因此，在数据表征阶段，我们的主要目标是将这些上下文信息整合到一个紧凑的数据结构中。如图 4-4 所示，我们从结果列表的前 P 个样本中提取特征并进行 L_2 归一化，记作 $\{x_1, \cdots, x_N\}$。我们假定查询样本 q 总是位于列表中的第一个位置。如果最初的列表中没有包含查询样本（可以通过查询样本的特征和列表中第一个样本的特征是否一致进行判断），我们可以将其插入到列表的最前端。有了这些视觉特征之后，我们可以使用特征计算相似性矩阵 $S = [S_1, S_2, \cdots, S_L]$。其中矩阵元素 $S(i, j)$ 表示的是特征 x_i 与 x_j 的相似性：

$$S(i, j) = x_i^T x_j \tag{4-27}$$

单个特定的表征的能力有限，因此只使用 S 进行检索质量评估不够可靠。如果一个检索结果中的样本都和查询样本相关，那么这些样本也应该是互相相关的。因此，需要挖掘并利用相似性矩阵 S 中的上下文信息。此外，如果两个样本彼此相关，那么它们关于其他参考样本的相似性得分的分布也应该一致，即同时与参考样本相似或不相似。所以，我们可以根据相似性矩阵 S 计算相关系数矩阵 C，其中的每一个元素 $C(i, j)$ 是 s_i 与 s_j 的皮尔森线性相关系数：

$$C(i, j) = \frac{\sum_{k=1}^{L}(s_i^k - s_i^-)(s_j^k - s_j^-)}{\sqrt{\sum_{k=1}^{L}(s_i^k - s_i^-)^2}\sqrt{\sum_{k=1}^{L}(s_j^k - s_j^-)^2}} \tag{4-28}$$

C 中的正数表示相应的样本在检索结果列表中有相关的正样本；反之，则相反。

卷积神经网络模型包括多层的卷积层与 2 个全连接层。输入数据中的每一个元素对最终的质量评价都很重要,因此在网络中没有使用下采样。但是在每个卷积层后使用了步长为 1 的最大池化操作,用于消除潜在的噪声。在每个池化层与全连接层之后,使用一个 Leaky-ReLu 层,并设置其负斜率为 0.1。所有的卷积核大小都设置为 3,池化层的核大小设置为 2。5 个神经元层的输出维数分别为 20、50、50、256、1。最后一层的输出是一个 1 维的预测得分值,我们约束其回归到 DCG 值,并使用 MSE 作为网络训练时的损失。

4.4.3 长列表预测

之前的讨论都集中于对一个检索结果列表中靠前的固定长度的结果进行检索质量评价。如果想要对更大范围的检索结果进行质量评价,最简单的方法是增加模型输入,即相关系数矩阵的大小,并训练一个新的网络模型。然而,当列表长度很长时会增加网络的复杂度。而且,网络中会有更多的参数,这就需要更多的数据来训练网络以增强网络的泛化能力。为了解决这一问题,本节提出使用两个针对短列表的评估预测器来预测长结果列表的质量。第一个用于长度为 P_S 的检索结果的短列表预测器被训练用于估计 DCG_P,$P = P_S$。第二个短列表预测器则被训练用于估计累计增益(cumulative gain,CG),CG_P,$P = P_S$,其定义为

$$\text{CG}_P(l\,|\,D,q) = \sum_{i=1}^{P} \text{rel}_i = \mathbf{1}^\text{T} r \tag{4-29}$$

其中,1 是一个全 1 向量,用来计算无折扣的分级相关得分的和。对于一个长度为 $P_L = H \times P_S$ 的长检索结果列表 L,我们首先将其分割成 H 个短列表 $\{L_1,\cdots,L_H\}$,每个短列表的长度为 P_S。那么长列表的检索质量可以写作:

$$\text{DCG}_{P_L} = w^\text{T} r = \sum_{i=1}^{H} w_i^\text{T} r_i \tag{4-30}$$

其中,w_i 与 r_i 分别表示第 i 个短列表 L_i 的 DCG 折扣因子与其相应的隐变量分级相关得分。我们使用一个 DCG 短列表预测器对第一段的检索质量进行较为精确的预测,使用一个 CG 短列表预测器对其余分段的质量进行预测。最终,长列表的检索质量可以估计为

$$\text{DCG}_{P_L} \approx w_1^\text{T} r_1 + \lambda_i \sum_{i=2}^{H} \mathbf{1}^\text{T} r_i = \text{DCG}_{P_S}(L_1\,|\,D,q) + \lambda_i \sum_{i=2}^{H} \text{CG}_{P_S}(L_i\,|\,D,q) \tag{4-31}$$

其中,$\lambda_i = w_i^-$ 表示一个加权因子,通过对第 i 个短列表中的 DCG 折扣因子取平均得到。

参 考 文 献

[1] Lowe D G. Distinctive image features from scale-invariant keypoints[J]. International Journal of Computer Vision, 2004, 60（2）: 91-110.

[2] Krizhevsky A, Sutskever I, Hinton G E. ImageNet classification with deep convolutional neural networks[R]. The Conference on Neural Information Processing Systems, 2012.

[3] Yang E, Deng C, Liu T L, et al. Semantic structure-based unsupervised deep hashing[R]. The 27th International Joint Conference on Artificial Intelligence, 2018.

[4] Yang E，Liu T L, Deng C, et al. Distillhash: unsupervised deep hashing by distilling data pairs[R]. IEEE Conference on Computer Vision and Pattern Recognition, 2019.

第 5 章　知识图谱驱动的协同创新服务

5.1　大数据协同创新服务网络

5.1.1　研究动机

随着众多的高新技术逐步被投入到大规模产业化和商业化的应用中，科技大数据的作用在推动关键核心技术攻关和产业化应用、整合资源发展重点产业、吸引人才和培育人才等方面日益突出。科研成果产业化的过程中常常需要整理相关科技发展脉络，筛选技术上可行、商业上有价值的科研成果。此外，在吸收优秀人才进入产业、推动科研人员研究产业亟待解决的问题、及时向产业界同步科研进展等方面，建设大规模的科技大数据服务也意义重大。然而，科技大数据具有大规模、多维度、专业性的特点，科研人员数量和文献数量与日俱增，科技大数据有题目、作者、机构、关键词、期刊等多个维度，涉及的具体文献或专利又有很强的专业性，以现有的科技大数据的存在形式很难为产业提供全面的、可用的信息和知识。例如，常用的文献检索平台中国知网、常用的专利检索平台 CNIPA（China National Intellectual Property Administration，国家知识产权局），在手动查阅时需要输入关键词、题目等，数据结构单一、数据平台间不兼容不互通，这样的现状使得科研成果的产业化转化很难依赖于科技大数据进行组织。近年来，国家对科技创新和产业创新的重视程度越来越高，利用国家的增量投入盘活各单位原有的科技大数据，构建大数据协同创新网络为产业提供服务势在必行。科技大数据资源包括各种与科技领域相关的数据资源，如科技论文、专利、科技项目等，在形式上可以是结构化、半结构化及非结构化的。为了更好地服务于产业界和科研人员，体现大数据平台的优势，除了传统科技资源服务平台已包含的这些数据，新型科技大数据协同创新服务还应将新型网络学术信息平台（如学术博客、学术论坛、技术论坛等）的数据纳入其中。现有的科技大数据主要通过以下两种方式获取：通过制定符合法律规定的爬虫爬取和通过直接提供下载的开放性数据源下载。在不侵犯版权的条件下，尽可能地集中整合各种科技资源服务平台的数据资源，建立更完备的科技大数据知识图谱，从而提供更完善、优质、便捷的科技信息服务。

5.1.2 科技大数据知识图谱

科技大数据的组织形式在很大程度上影响着大数据协同创新服务的功能和性能。传统的数据库适合存储独立的信息条目。在大数据的情境下，需要多维度地整合信息，这会耗费大量的计算资源。知识图谱作为一种语义网络，以图的组织形式结构化地表示知识，这使得它不受维度限制，天然具有多维度的特性：网络中的节点表示实体或概念，网络中连接节点的边则代表节点间的各种语义关系。如果能够整合不同平台的科技大数据资源，并以知识图谱的形式组织，那么文献、学者、机构等相互之间将建立起多维度的、丰富的联系。同时，可视化科技大数据知识图谱检索结果的网络结构比传统数据库的条目更加直观，能够在用户接口端提供更加丰富和个性化的信息服务。

知识图谱是由互相联系的实体和它们的属性构成的，建立科技大数据知识图谱的关键是确定其实体、关系和属性[1]。科技大数据以具体的科研成果为基本单位，包括论文、专利、书籍、标准、报告、咨询等，其中每一项成果又与作者、机构、期刊、会议、出版社等相关联，且有发表时间、所属研究方向、摘要、关键词等信息，此外，还应有成果与成果之间的引用关系，学者与学者之间的合作关系，机构与学者的从属关系，学者的兴趣方向，期刊的编辑，会议的主办机构，等等。因此，首先要完善地定义知识图谱的实体、关系和属性。在定义知识图谱的过程中，除了考察借鉴传统的科技大数据服务平台的组织方式、检索条件等，还应面向用户，考虑在网络化的科技大数据创新服务中引入新的实体和实体间新的关系。例如，不仅将论文、作者、期刊、机构等定义为实体，还可将研究方向作为概念实体等；不仅保留传统数据中存储的论文—作者、学者—所属机构等关系，还应基于对科技大数据的学习总结出学术合作、研究兴趣相似等用户可能感兴趣的关系。

5.1.3 科技大数据协同创新服务网络

在组织科技大数据知识图谱的基础上，可以构建大数据协同创新网络，如图 5-1 所示。具体地，在数据管理方面，建立分布式科技大数据联合保障系统；在用户服务方面，建成网络化科技大数据服务平台，从而多维度地整合跨平台的科技大数据和硬件资源，实现系统内存量增量科技大数据及其协同创新服务的共享。

首先，要建立一个安全稳定的存储环境来维护和保障这些数据，即分布式科技大数据联合保障系统。在硬件设施方面，这个系统要拥有足够大的存储空间来存储和管理规模庞大的科技大数据。分布式存储架构具有动态扩容、单一服务器的故障不会影响其他服务器等特点，为不同来源的科技大数据的管理和潜在新数

第 5 章 知识图谱驱动的协同创新服务

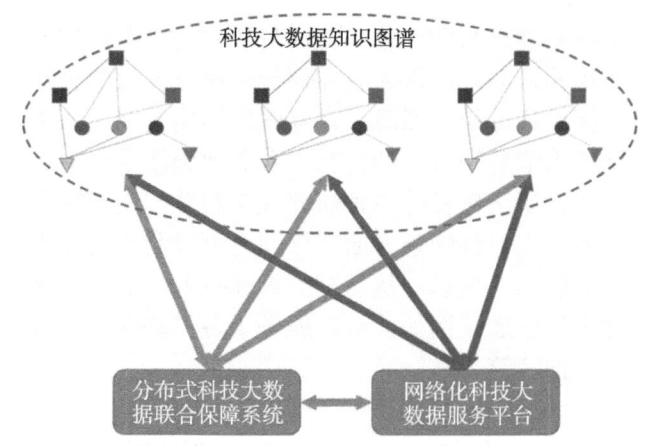

图 5-1 科技大数据协同创新服务网络

据源、新服务器的加入提供了方便。然而，分布式的方案也意味着在软件设施方面，这个系统不仅要拥有备份和保护信息安全的能力，以抵御可能的攻击和防范潜在的风险，还要拥有更为完备的系统设计，以应对分布式系统的复杂性和不稳定性。此外，分布式科技大数据联合保障系统还需要为动态协同创新服务提供基础设施，实现基础服务和个性化服务的共享与保障。

其次，需要在数据安全、共享及可即时访问的基础上，建立一个稳定易用的用户服务接口，即网络化科技大数据服务平台。此平台要有简洁清晰的界面，还要有全面完善的信息搜索和精准的用户个性化筛选服务，这都需要以建立在分布式资源之上的高性能分布式信息检索和整合算法为基础。此服务平台还应利用科技大数据知识图谱的优势，建立新型的动态协同创新服务模式，为多样化的用户提供个性化的精准科技信息服务。具体地，为用户提供个性化的科技信息推送，对用户的检索进行智能语义理解，结合用户画像进行知识图谱检索，并以贴合具体用户需求的形式在终端呈现检索结果。

最后，在整合多种资源的科技大数据知识图谱之上，以分布式科技大数据联合保障系统为基础，通过网络化科技大数据服务平台面向客户，同时结合多维度高效检索技术和用户个性化服务，建成一个面向全国的、融合多种机制的、知识图谱驱动的科技大数据协同创新服务网络。

构建知识图谱驱动的科技大数据分布式创新服务网络，能够为包括产业界在内的科研人员、科研机构、政府决策部门、出版社、基金资助机构等各类用户提供具有针对性的科技大数据服务，在科技创新、产业转化、人才培养、科技管理等方面起到强大的促进作用。在科技创新方面，服务网络能够提供知识分析、科技领域知识问答、期刊推荐、审稿推荐等服务，这些服务能帮助研究者了解科研前沿和产业亟须的技术，同时推动相关科研机构和研究者间的合作。在产业转化方面，科技大数据服务能够帮助产业界关注科研动向、向合适的科研从业者寻求科研合作。在人才培养方面，传统的人才评价仅参考发表的论文、参与的学术项目和学术会议等指标进行讨论，然而，在互联网迅速发展的当下，人才评价还应考虑其在新型网络学术信息平台上的影响力和其他传统平台中包含的信息，科技大数据服务能够整合科研工作者的多种研究成果和多方面影响力，帮助产业界筛选和培养合适的人才。在科技管理方面，管理者可以利用科技大数据服务来获取相关领域更广泛和更前沿的信息，从而减少重复投入，更有效地对科研项目进行审查、对科研资金进行管理。例如，可以服务于各类基金资助机构的专家指派、各类期刊会议的评审推荐等。

5.2 动态个性化需求理解和预测

5.2.1 研究动机

利用国家增量投入，构建规模庞大、维度多样的科技大数据知识图谱，就要建立起面向全国广大潜在用户、融合多种机制的创新服务模式。传统的科技大数据服务主要是静态的检索服务，尽管依托于大数据，检索结果能够为用户反馈充足的信息，但在使用中，静态的检索服务存在使用门槛高、操作复杂、结果形式单一等问题，不能针对不同用户的需求进行个性化筛选。在知识图谱驱动的协同创新服务中，可以引入动态个性化需求理解和预测，利用可解释的基于知识图谱的推荐技术为用户提供个性化的检索服务和信息推送。

现有的科技大数据平台已有一定的信息推送功能，主要是向用户推送相关学者、相关机构和主要研究方向的最新研究成果，其主要依托于用户注册信息。但由于未能充分利用相关信息，且单个平台所掌握的信息较少，其服务效果和用户体验远不够好。基于知识图谱的推荐技术的主要思路是利用知识图谱对多源异构数据进行有效整合，具体地，可以对大数据环境下的用户数据进行知识抽取，得到更精确的用户以及科技资源的信息，进而更好地计算用户之间、用户与科技资源之间，以及科技资源之间的相关性，最终为用户提供精准的个性化科技信息和知识推荐服务。

5.2.2 基于用户画像知识图谱的推荐

首先，运用用户画像技术将不同类型的用户标签化[2]。对于注册用户，利用其在科技大数据知识图谱中的信息，包括本人发表的论文、申请的专利、所属的机构等可以做长期的精准画像，如利用统计方法和人为制定的规则得到其感兴趣的方向、所处的科研或职业发展阶段。对于注册用户和非注册用户，可以利用检索记录、点击频率统计做短期的画像，如其近期关注的学者、近期可能求职的机构、近期关注的期刊等。同时，可以利用数据挖掘的方法在已有的信息和记录中为用户做更细致的画像。在设计和实现用户画像机制时，还需确保用户标签的及时更新。科技大数据的服务对象包括科研工作者、产业工作者、管理者等，其需求各不相同，对专业的了解也有深有浅。用户画像是了解用户层次、理解用户需求、为用户提供个性化服务的基础。事实上，对于大多数用户，可以建立与科技大数据知识图谱直接相连的用户画像知识图谱。在用户画像知识图谱的基础上，可以设计、实现基于知识图谱的多维度精准推荐系统[3]，从而更好地为多种用户提供个性化服务。对于长期兴趣提示正在进行相关科研的研究人员，推送前沿的相关论文和报告；对于检索和点击记录提示短期内需要了解相关领域技术的用户，推送高质量综述和经典高引论文专利；对于产业相关人员，推送前沿技术、报告和有潜在合作可能的相关学者；对于管理者，则可以推荐领域内专家进行评审等工作；等等。个性化信息推送还可以与科技大数据知识图谱的动态更新相结合，在最新的科研成果加入知识图谱时向相关用户以不同的侧重形式进行推送。

在技术上，构建基于用户画像知识图谱的推荐系统有以下几种技术路线：①基于实体的推荐生成。基于实体的推荐生成的主要思路是利用细粒度实体对层级概念的描述，通过对概念的分类描述更加精准地对实体特征进行标识，从而挖掘事实中蕴含的深层次信息。②基于链接开放数据（linked open data，LOD）的推荐生成。其主要思想是在现有方法中利用链接数据库中丰富的语义信息，将用户偏好、资源数据之间的属性相似度等纳入考虑。利用 LOD 中的大量数据，学习数据间的关联，细粒度地衡量资源之间的相似性，挖掘用户的偏好，最后结合上下文信息生成推荐结果。③基于图嵌入的推荐生成。其主要思路是利用先进的图嵌入技术将知识图谱中的节点序列及边映射到低维向量空间，再进一步结合协同过滤算法等生成推荐结果。具体地，可以将寻求推荐的用户实体作为源，将潜在的推荐信息作为候选实体，从大数据出发应用基于 LOD 的推荐技术、从用户画像出发应用基于实体的推荐算法，以及图嵌入算法、协同过滤推荐算法等，为用户推荐高质量的、个性化的科技信息和资源。

5.2.3 个性化检索服务

个性化服务不仅包括个性化信息推送，也包括用户主动检索时的个性化检索和结果呈现。科技大数据协同创新服务的用户群体庞大而多样，而科技大数据有维度多样、专业性强的特点，不同的用户对检索结果的理解能力和需求各不相同，因此需要建立基于用户画像的智能化个性化检索机制和多样化的检索结果呈现方式。相比于传统科技大数据平台提供的检索服务，由科技大数据知识图谱驱动的检索服务的优势在于关键词增强和多维联想、歧义消除、智能化的语义理解，并且相比传统的数据结构做到这几点需要的时间和空间复杂度较小。

知识图谱的图结构使得从检索关键词出发进行多维联想直接而简洁，用户输入的关键词常常是过于笼统、缺乏约束的，基于知识图谱进行关键词增强和多维联想，然后再基于用户画像进行结果筛选，这样得到的结果比机械地检索关键词本身更符合用户需求。关键词增强指检索某个关键词时增强到其同义词等，基于实体聚类的算法可以将相似的研究方向（如量子通信和量子信息）聚类到同一类，在检索其中一个时返回同一类下所有研究方向的结果，更好地满足用户的需求。多维联想指在相对较少的检索结果之外进行多维度的发散联想，如同一作者、同一方向、同一期刊的成果，一并进行推荐。

歧义消除主要是利用知识图谱中的实体确定无歧义的性质。例如，作者名消歧是科技信息服务中常见的问题，不同的学者存在重名，同一学者不同阶段在不同的机构学习、工作、发表论文，其姓名标注方式也有所不同，利用知识图谱的表示学习模型和聚类模型可以较好地解决作者名歧义的问题：将作者实体映射到一个特征空间中，对作者特征进行聚类和分类，则可以认为属同一类的作者为同一自然人。又如，在科技大数据检索中经常会遇到一个技术名词在多个相差甚远的领域同名的情况，如"容器"一词在化学和计算机领域都有相应的定义，基于用户画像的个性化检索机制可以有效地避免此问题造成影响，因为同名的科技名词在知识图谱中一般是不同属性和关系连接的不同实体，具有各自唯一的识别ID，且用户标签能够清晰地提示其感兴趣的领域，并做出选择。

利用知识图谱结构化的优势，还可以实现智能化的自然语言检索。用户可以在检索中直接输入"近几年""高校""经典的机器学习领域论文"等关键词甚至检索句子，在基于机器学习的高性能语义分析技术的帮助下理解其语义，链接到知识图谱中的实体和关系，从而得到用户需要的科技大数据知识图谱的子图并返回。此外，还可以利用已在搜索引擎上广泛实践的知识问答技术，在用户检索关于科技大数据的问题时，基于语义分析、关键词匹配和信息抽取技术，为用户提供直观的检索结果，即直接为用户呈现问题所对应的答案。

个性化的用户需求理解在服务终端体现为个性化、多样化的检索结果呈现方式，以及知识图谱的数据组织形式，这使得终端可以进行基于知识图谱的多样化、可视化展示[4]，如空间填充可视化、节点链接图可视化、热图可视化、邻接矩阵可视化等，如图 5-2 所示。事实上，传统的列表对检索技术、研究和学者的对应关系的展示采用的是一种简洁、高效的形式。然而，可以对列表的形式进行个性化改进，如根据检索关键词和用户画像判断用户需求，将其偏好的属性突出展示，按照其兴趣筛选和排列结果，以空间填充可视化的方式呈现检索结果。对于寻求合作、想要发现人才的用户，其关注点不只在于学者及其成果，更在于学者间的合作关系、相近领域学者的对比，可以将科技大数据知识图谱中检索出的子图以可视化的节点链接图或修剪后得到的树结构的形式呈现，保留和突出学者间的关系，方便用户全面了解和选择。监督管理者所关注的科研项目进展、学术造假和舞弊等，则能以多种知识图谱可视化技术，包括广角聚焦技术、上下文聚焦技术、空间显示技术、动态查询和过滤技术等呈现出来，以辅助审查和决策。此外，还可以设计以时间为轴的进程可视化，以表现某学者的职业生涯，某科技成果的研究、发表、应用历程等。

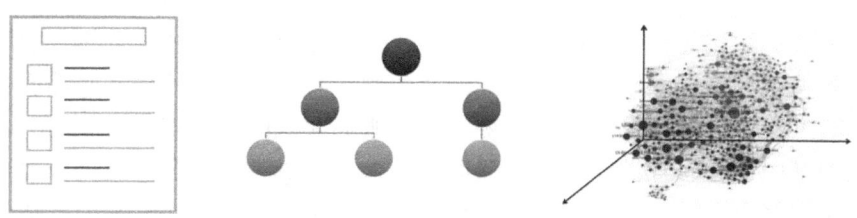

图 5-2　多样化的检索结果呈现形式

5.3　动态协同创新服务模式

5.3.1　科技大数据知识图谱的构建和存储

现有的多种科技大数据服务平台以提供静态的检索服务为主，单个平台的服务存在孤立性强、全面性弱、时效性差等问题，且有版权壁垒、数据质量参差不齐。要想建立起面向全国和融合多种机制的科技大数据分布创新服务网络，不仅需要在硬件、软件上，更要在结构上整合各平台的资源，通过完善系统内部存量增量数据的共享及动态个性化协同创新服务的实现，设计实现新型动态协同创新服务模式。

科技大数据知识图谱是知识图谱驱动的协同创新服务网络的基础。要保证大数据协同创新服务的质量，首要任务是保证科技大数据知识图谱的数据质量。科技大数据知识图谱与其他领域的知识图谱相比，数据源的可获得性较差、更新频率高、数据质量参差不齐，这对科技大数据知识图谱的构建和更新提出了很大挑战。

由于数据规模大，科技资源存在版权等问题，科技大数据知识图谱的存储和更新需要以分布式的方式来实现。因此，系统内各平台存量数据的共享机制是构建科技大数据知识图谱和确保数据质量的基础。事实上，知识图谱的组织形式有利于不同平台之间的科技大数据以分布式的方式进行整合。在完善地定义科技大数据知识图谱的前提下，利用现有的知识构建技术[5]可以实现静态的科技大数据知识图谱构建和跨平台存量共享。各平台接受统一的图数据库数据结构和科技大数据知识图谱模型，建立适配本地数据的数据接口，由各自的数据库通过知识抽取、知识融合等步骤构建平台内科技大数据知识图谱，最终进行跨平台的数据整合，这样就可以得到相对全面的科技大数据知识图谱，并在此基础上为全国用户提供服务。

5.3.2　科技大数据知识图谱的动态维护

静态的科技大数据知识图谱存在滞后性、更新代价大等问题，而时效性是表征科技大数据知识图谱的数据质量的重要一环。如何通过系统内分布式的增量数据共享和整合，确保知识图谱中数据的时效性、一致性和准确性，确保服务端检索结果和推送信息的质量，是动态协同创新服务模式面临的重要挑战之一。要保证服务的准确性和时效性，就需要在原有的大平台兼容、共享的基础之上，从结构上动态地整合资源。具体地，需要在数据段共享各平台的增量数据，从而做到对知识图谱及时地动态更新。

对于科技大数据来说，数据的增量更新主要体现为新科技成果的引入和现有科技成果的状态变化，在知识图谱中体现为新实体的引入及实体属性和关系的更新。例如，某期刊新出了一期，此时需要在知识图谱中引入新实体，即新一期期刊，将其上发表的知识图谱中没有的论文作为新实体引入并与作者、机构、期刊等建立关系连接，对已在知识库中的论文进行修改、新建属性和关系，必要时还可以应用关系推理技术附加其他关系和属性。当增量更新发生在单个平台内时，本地即可进行上述更新，但若要更新分布式存储的科技大数据知识图谱，还需进行跨平台的共享，即增量更新共享。

不管是利用存量数据构建知识图谱还是增量数据更新的共享，不同平台数据的整合过程都可能存在重复、错漏、歧义的问题，因此，需要建立完善的跨平台兼容共享机制，包括建立数据层融合机制、语义层融合机制、冲突检测与解决机制[6]。数据层融合指平台间的实体链接，如同一学者、机构的链接，可以在利用某些实体（学者、机构、期刊等）的唯一性标识进行链接的基础上，基于相似性度量进行补充。具体地，将同名或有相似名称存在歧义的所有命名实体集合到一起，对名称之外的其他特征进行实体之间的相似性对比，然后用聚类或者分类算法将这些相似实体划分为不同的簇，同一个簇的命名实体视作一个实体。语义层融合（semantic layer fusion）指概念的上下位关系合并及属性合并，还包括融合后非完备图谱的关系推断，在数据层融合的基础上进行。当不同平台的数据冲突时，则需要设计完善的冲突检测和解决机制。可以探索的技术路线包括：通过人机交互接口对冲突信息进行人工矫正,并将人工标注的冲突作为种子案例通过强化学习等方式建立冲突解决模型;制订基于时间的冲突解决方案,即当某平台的数据更新时间最新时,其余平台均以它为标准进行自查和更新;探索基于时序知识图谱的知识共享机制,利用知识图谱中的时序信息嵌入和时序关系依赖从更高层面减少冲突的发生。

通过改进原有大数据平台兼容、共享各类科技大数据资源,在结构上整合资源,有必要构筑层次化的资源服务站点并组成服务网络,从而为用户提供高质量的动态协同创新服务。现有的科技大数据平台的功能有重复也有其各自的特点,如果能够基于不同平台的数据资源,考虑其各自的特点,建立由底层服务站点、汇总服务站点和集中服务站点组成的层次化资源服务网络,就可以既实现平台内部和同类平台间的兼容共享,又充分区别不同平台提供服务的侧重点。

在技术上,科技大数据服务网络可以采用基于微服务的面向服务的体系架构,如图 5-3 所示。在服务稳定集成与需求灵活适配之间寻求平衡。微服务技术拥有独立进程,具备独立部署能力,有分布式存储、高可用性、可伸缩性、运维智能化等优势。微服务架构将系统整体服务划分为互不相通的微服务,以松耦合的方式独立部署,每个微服务仅需完成本地的细粒度服务任务,而尽可能少地与其他服务器交互,由此,可以将系统服务组件化,使得整个系统服务相对稳定更易于实现动态的个性化服务。在面向用户的服务组件化的同时,服务网络也需要建立相互通信、互通有无的数据共享机制,以及数据备份和安全保障系统。

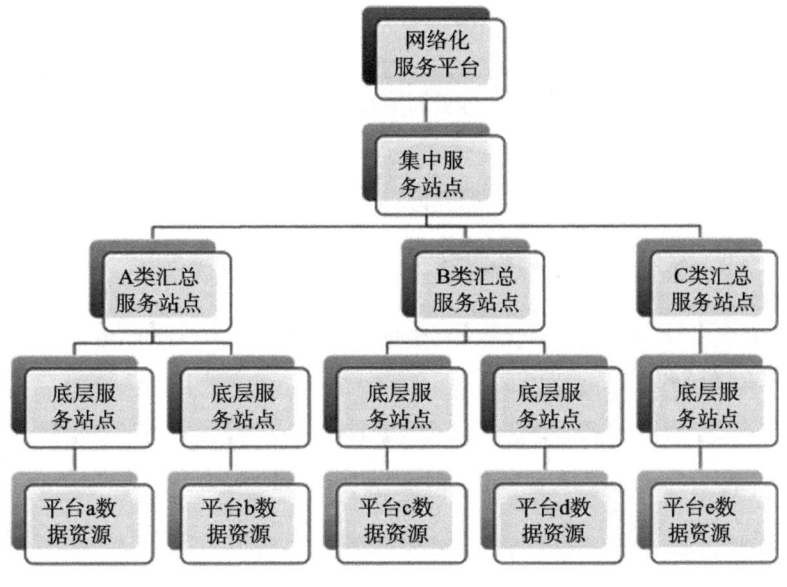

图 5-3 科技大数据服务网络架构

在科技大数据服务网络中，还应研究微服务站点间共享服务协同的技术需求。要实现动态协同创新服务模式，就要在开放的互联网环境下进行系统协同架构的动态演化。事实上，由于科技大数据来源于多样的开放资源平台，面向的用户是具有不同需求的全国用户，其功能和需要满足的用户需求是不断演化和增长的，而系统架构和底层服务的定义则是相对静态的，因此更需要动态地部署服务间的协同逻辑。例如，随着服务平台用户规模的增长，搭建在单个类型资源平台（如专利类数据）上的汇总服务站点的数目可能由单个变为多个，这样系统中汇总站点与底层服务站点的架构由一对多变为多对多，此时便需要动态地调整汇总服务站点与底层服务站点间的通信，并增加同一类汇总服务站点集群间的协同机制。

如 5.2 节所述，针对用户建立动态个性化需求理解和预测机制在提升服务质量方面至关重要。各服务站点基于面向用户的个性化需求理解和预测，实现本地的动态个性化服务，系统通过协同创新服务的共享机制在终端为用户提供高质量的个性化服务。具体来说，各底层服务站点针对管理资源的特点和业务的侧重点，为用户定制个性化的检索结果和推送服务，而协同创新服务系统的网络化服务平台通过层次化的汇总，综合全网络各站点的结果，为用户提供多样的个性化的选择和基于系统筛选综合的、优质的科技信息及资源。

参 考 文 献

[1] 周园春，王卫军，乔子越，等. 科技大数据知识图谱构建方法及应用研究综述[J]. 中国科学：信息科学, 2020, 50（7）: 957-987.

[2] 李映坤. 大数据背景下用户画像的统计方法实践研究[D]. 北京：首都经济贸易大学, 2016.

[3] 常亮，张伟涛，古天龙，等. 知识图谱的推荐系统综述[J]. 智能系统学报, 2019, 14（2）: 207-216.

[4] 王勇超，罗胜文，杨英宝，等. 知识图谱可视化综述[J]. 计算机辅助设计与图形学学报, 2019, 31（10）: 1666-1676.

[5] 刘峤，李杨，段宏，等. 知识图谱构建技术综述[J]. 计算机研究与发展, 2016, 53（3）: 582-600.

[6] 张洋，谢卓力. 基于多源网络学术信息聚合的知识图谱构建研究[J]. 图书情报工作, 2014, 58（22）: 84-94.

第 6 章　科技大数据服务系统平台

6.1　科技信息服务业发展现状

6.1.1　科技信息服务是推动科技进步的重要因素

随着新一代信息技术的广泛应用，科学技术知识的创造、传播、转化、应用进程日益加快。科技信息服务行业的重要使命是助力创新主体对海量信息进行加工处理、深度挖掘、开发利用，充分发挥现代信息技术的支撑作用，快速、全面、准确地获取技术革新、市场竞争等领域的精准信息。在信息成为重要产业资源的今天，深度开发科技信息资源，将科技信息转化为生产力和产业竞争优势，为创新主体的科技创新、科学决策提供坚实基础，是科技信息服务机构面临的重大课题。

科技信息的及时获取与传播，在新理论、新技术的创新和应用中发挥着极为关键的作用。科技信息主要分为正式型（科技文献类情报）和非正式型（在线科学交流信息等）两种，科技文献检索是正式型科技情报交流的主要方式。信息技术的飞速发展和互联网的广泛应用为文献检索提供了新的服务模式，如开放存取和在线检索，但现有的文献检索系统并不能完全解决跨学科检索问题，这限制了新想法、新技术的传播和应用。提高科学文献检索的效率和准确度，使创新主体及时从在线科学交流中获取高质量的情报，是推动科技创新和成果转化的重要支撑。

近年来，商业机构运营形成的数据增长极为迅猛，其中非结构化数据占 85%[1]，传统的信息管理系统已无法满足海量数据的管理需求。科技信息资源、竞争情报（competitive intelligence，CI）对创新主体的发展起着极其重要的作用，随着大数据、云计算、人工智能等数据处理技术及高性能运算终端的广泛应用，对海量多源异构数据进行高效、低成本的处理成为可能，弥补了传统关系型数据库无法处理非结构化数据的缺陷，提升了知识服务能力，形成了基于数据的决策机制。

6.1.2　国外科技信息服务行业相关情况

西方国家较早开展竞争情报的理论、方法研究。1986 年，美国竞争情报从业者协会（Society of Competitive Intelligence Professionals，SCIP）成立成为信息化社会情报智能化发展的重要发端。其后，英国、法国、德国、日本等国家各自推动竞争情报的应用发展和人才培养。2020 年以来，国外超过 60 所大学开设了竞争情报相关学科的学位教育。

国外从事科学技术信息搜集、整理与传播的专业服务机构多为非营利组织，自 1960 年以来，各国陆续建设各类科学信息数据库，向专业用户提供科技信息服务，承接科技信息咨询、多语种文献翻译、专业培训等业务。代表性机构包括美国信息科学与技术学会（American Society for Information Science and Technology）、英国信息管理协会（British Association for Information Management）、日本科技信息中心（Japan Information Centre of Science and Technology）等。

美国的科技信息公开、共享工作水平较高。2009 年，美国国家数据开放共享平台网站（www.data.gov）上线，将高价值的数据集向社会公众免费开放，自 2020 年起该平台已可提供 17 万个数据集，涉及的领域包括农业、气候、生态、教育、经济、制造业、科学研究等。该平台基于《透明和开放政府备忘录》[2]《信息自由法案备忘录》[3]的核心理念，依据《信息自由法案》等法令[4-9]确立了透明、协作的数据信息处理工作框架，以《开放数据的元数据规范》为技术标准，开发信息处理专业工具集[10]，建立考核评估体系、激励机制，初步实现了数据信息生命周期的全流程管理[11]。

6.1.3 我国科技信息服务行业发展历史

（1）第一阶段：1956~1965 年。1956 年，科技情报工作纳入国家战略发展规划，我国逐步建设覆盖全国的科技情报机构、逐步完善工作业务系统。1960 年，科技战线贯彻"自力更生、发奋图强"的方针，服务于工农业生产，通过集中编写情报教材、开展业务培训，培养了一批骨干力量。1962 年，《1963—1972 年科学技术发展规划》将科技情报工作列入重点任务。1963 年，第三次全国科技情报工作会议研讨科技情报工作十年发展规划。其后三年中，我国科技情报事业取得了长足进展。这一阶段，我国科技情报工作主要聚焦于夯实工作基础，开展了采集科技文献、编制技术报告、编译外文资料等服务，支撑国家科技经济发展规划、服务于生产和科研工作。

（2）第二阶段：1966~1976 年。1966 年，我国科技情报工作体系受政治运动影响陷入停滞。1970~1974 年，在周恩来总理的关怀下，部分科技情报机构恢复服务功能，产出了若干影响力较大的情报研究报告，受到社会各界的广泛关注，典型作品包括《鹿岛的变迁》等。1975 年，第四次全国科技情报工作会议强调要加强组织规划、健全科技情报网络、强化科技情报调研工作。这一时期，我国科技情报工作陷入停滞，队伍建设、业务开展均受到较大影响。

（3）第三阶段：1977~1985年。1977年，我国科技情报事业进入快速恢复期。1978年，全国科学大会再次强调了科技情报工作的重要性，科技情报机构的职能聚焦于服务经济建设，取得快速发展。各级各类专业情报服务机构在检索语言研究、检索刊物创办、开展学术交流活动、推动国际合作等方面取得很大成绩。1980年，第五次全国科技情报工作会议提出科技情报工作要服务于经济建设。1982年，科技情报工作第一次被列入五年计划。1984年，召开第六次全国科技情报工作会议。这一时期，科技情报工作服务于经济建设，基于图书、期刊等资源进行分类加工，为科研人员提供基础信息服务，行业发展走入正轨。

（4）第四阶段：1986~1995年。1985年我国颁布了《中共中央关于科学技术体制改革的决定》。1986年、1992年，第七次、第八次全国科技情报工作会议召开。1992年，国家科学技术委员会将"科技情报"的提法改为"科技信息"。这一时期，科技情报工作主要服务于国民经济建设主战场，厘清了科技信息服务战线的总体任务、核心职能，进入服务于国家重大战略需求的发展快车道。

（5）第五阶段：1996~2005年。1996年，中国公用计算机互联网（ChinaNet）开通，我国进入互联网时代。随着互联网搜索引擎的应用，新型通信技术给传统的科技信息服务工作模式带来了挑战。用户获取科技信息的来源丰富化、信息传递手段数字化、信息服务即时化，各级高校逐步启动建设数字图书馆，专业科技信息服务机构开始探索信息化背景下的服务模式创新。1996年，科技信息服务机构陆续启动机构改革，其服务模式发生重大转变，工作重点是为重点科研机构、企业咨询项目提供综合性信息服务。

（6）第六阶段：2006年至今。2006年，国务院发布《国家中长期科学和技术发展规划纲要（2006—2020年）》，提出建设科学数据、文献共享服务平台。2006年，全国科学技术大会召开，把建设创新型国家作为科技战线的总体战略目标。大数据、人工智能、超大规模集成电路等领域的技术创新对科技信息服务行业的影响日益显著。这一阶段，我国科技信息服务事业持续探索、创新发展，在建设网络化、智慧化、个性化的知识服务体系方面取得了长足进展。

6.1.4 我国科技信息服务行业发展情况

在市场规模方面，我国科技信息行业主要可分为政府信息研究所、高校信息研究所和企业信息研究所。政府信息研究所主要为当地政府提供服务，企业信息研究所主要为本企业及其他客户提供服务。2017年、2018年、2019年，我国科技情报行业的营收规模分别为1281亿元、1374亿元、1478亿元；行业投资规模分别为391亿元、423亿元、457亿元[1]。2019年，中国科技信息机构的数量约为2432家，科技信息行业的从业人员数量约为10.3万人，较2018年上涨了4.04%[1]。

在运作模式方面，我国的科技信息所隶属于各级政府科学技术局，属于事业单位，在政府指导下运营。在行业发展环境方面，我国科技信息资源的共建、共享体系尚不健全，大量科技信息以碎片的形式存在于不同的创新主体、政府机构内部，客观上形成了大量"数据孤岛"，信息资源的共享难题成为难以根除的痼疾。

在行业服务能力方面，省、直辖市级的科技信息院、所多以公益性服务机构为主，少数转制为企业，例如青海省科技信息研究所。作为区域内科技资源较为丰富的馆藏机构，科技信息院、所一般通过信息服务平台向用户提供基础科技文献服务[1]，业务范围包括文献检索、原文传递、情报研究、科技评估等。科技情报机构为了适应互联网时代的行业变革，满足各类用户日益增长的个性化服务需求，持续创新服务模式，从馆阅纸质文献服务、电子图书馆服务到专用在线业务系统，不断拓宽服务领域、提升服务水平。

6.2 我国科技大数据开放共享工作开展情况

进入大数据时代，数据密集型的科学研究成为新的科研范式。科技信息作为基础性的科技资源，具有客观性、时效性、分散性、共享性、传递性、再创造性等特点[12]，是活跃于整个科技创新活动过程的重要元素[13,14]。随着前沿科学研究日益呈现出交叉渗透的趋势，重大科技成果的产出越来越依赖于对海量科学数据的分析利用[15,16]，科学界对加快科学信息数据开放的呼声也越来越强烈[17]。在大数据时代，推动科学信息的开放、共享，可提升信息质量、促进信息积累和集约利用，避免重复性劳动，节约全社会整体的研发成本。

海量科学信息的开放共享，需要信息处理、数据挖掘、数据共享等底层技术的支撑。要发挥不同行业海量科技信息的价值，需要以开放共享的创新理念，打破科技信息"孤岛化"的封闭处理模式，充分发挥科技信息大数据的价值；要强化科技信息汇交的质量标准，规范科技信息的处理流程，保障科技信息的完整、真实、有效性，不断提升数据的可用性、可获取性，促进跨领域科学数据的融合应用。生态学等领域的科学研究积累了海量信息数据，对数据开放共享、深入分析挖掘的需求极为迫切[18,19]。

国内外典型的开放获取基础设施包括 DOAJ（Directory of Open Access Journals，开放存取期刊目录）[20]、PMC（PubMed Central，公共医学中心）[21]、全球优质开放论文中心（GoOA）[22]等开放获取期刊平台；ROAR[23]、OpenDOAR[24]等开放型知识库集成系统；中国科学院机构知识库网格[25]、中国高校机构知识库联盟[26]等。

6.2.1 我国科技大数据开放共享工作的主要成效

为推动创新驱动发展战略实施,持续培育智能化知识服务[27],促进科技文献、资源开放共享,2001年,科学技术部启动建设"科学数据共享工程";2004年,国家自然科学基金委员会、中国科学院分别签署了《柏林宣言》[28];2007年修订的《中华人民共和国科学技术进步法》要求利用财政性资金设立的科学技术研究开发机构,应当建立有利于科学技术资源共享的机制;2008年,科学技术部颁布《国家重点基础研究发展计划资源环境领域项目数据汇交暂行办法》,规定了科技大数据汇交的标准规范。国家自然科学基金委员会、中国科学院分别发布了公共资金资助科研成果的开放获取政策[29];2014年,科学技术部发布《关于加快建立国家科技报告制度的指导意见》[30]。目前,全国多所高等院校已建立机构知识库[31,32]。

2017年至2019年,国内已有数十家科技信息服务机构签署OA2020(open access 2020 initiative,开放获取2020计划)倡议的《关于大规模实现学术期刊开放获取的意向书》[33]。2018年,国务院办公厅印发《科学数据管理办法》。2019年,科学技术部、财政部优化调整形成了20个国家科学数据中心[34]。我国信息服务机构积极参与国际科学理事会下属的世界数据系统(World Data System,WDS)、国际数据委员会的数据中心建设,在WDS现有的81个数据中心正式成员中,我国的数据中心有9个[35]。

6.2.2 我国科技大数据开放共享工作存在的主要问题

1. 面向科技企业的科技信息服务供给不足

2020年9月,国家重点研发计划项目"科技大数据理论与技术研究(2018YFB1402600)"下设的"面向分类用户个性化需求的科技大数据精准服务技术"课题组开展了面向北京市科技型中小企业的科技信息需求问卷调查,回收有效问卷429份。

受访企业所处行业情况:制造业企业54家,占受访企业总数的12.59%;信息传输、软件和信息技术服务业企业151家,占总数的35.2%;科学研究和技术服务业企业104家,占24.24%。受访企业2019年的营业收入规模见图6-1。

从企业员工数量上看,50人以下的企业占受访企业总数的50.12%,50~200人的占31.93%,200人及以上的占17.95%。受访企业中国家级高新技术企业的数量为243家,占受访企业总数的56.64%。在研发团队人员数量方面,20人以下的企业占受访企业总数的55.71%,20人及以上的占39.63%,4.66%的受访企业无专职研发团队。研发投入方面,2019年研发投入在200万元以下的企业占受访企业总数的43.36%,研发投入在200万元及以上的企业占50.35%。

4. 企业年营收规模 (单选):		
[1]50万元以下	18	4.20%
[2]50万~100万元	29	6.76%
[3]100万~200万元	16	3.73%
[4]200万~300万元	13	3.03%
[5]300万~500万元	20	4.66%
[6]500万~1000万元	41	9.56%
[7]1000万~2000万元	52	12.12%
[8]2000万~3000万元	32	7.46%
[9]3000万~5000万元	43	10.02%
[10]5000万~8000万元	36	8.39%
[11]8000万~1亿元	27	6.29%
[12]1亿~2亿元	37	8.62%
[13]2亿~3亿元	19	4.43%
[14]3亿~4亿元	7	1.63%
[15]4亿~8亿元	11	2.56%
[16]8亿~10亿元	6	1.40%
[17]10亿~12亿元	3	0.70%
[18]12亿~20亿元	7	1.63%
[19]20亿元及以上	12	2.80%

图 6-1　受访企业 2019 年的营业收入规模

　　受访企业中，54.08%的企业对行业的竞争环境信息，包括市场变化、金融环境、产业热点、政策信息、竞争情报比较了解；32.63%的企业不太了解或者想了解但缺乏手段。79.77%的受访企业至少拥有 1 项专利或软件著作权。

　　受访企业认为，影响企业技术进步的因素主要包括：市场需求变化（27.71%[①]）、新技术的应用风险（16.11%）、政府技术政策导向（16.01%）、来自竞争对手的压力（14%）、购买新技术的成本（12.08%）。

　　受访企业对国内科技信息服务行业的能力水平与企业服务需求的差距的评价：①服务机构不了解行业应用的深层次需求，信息服务产品不解渴，无法定制化服务（20.27%）；②"数据孤岛"现象严重，单个服务机构提供的数据库覆盖范围较小，无法一次性满足企业需求（17.88%）；③服务内容限于提供通用数据库的检索、出售经简单处理的数据，企业需对采购的数据进行二次加工（17.43%）；④对国内服务机构提供的科技信息数据，难以评估其价值（信息的真实性、完整性、先进性）（12.29%）；⑤国内信息服务平台功能复杂，不好用、不会用、用不好（11.85%）；⑥国内机构服务质次价高，倾向于采购国外咨询机构的信息服务（6.15%）。

　　受访企业面临技术开发难题时，最常用的解决手段包括：组织本单位技术力量攻关（28.6%）、聘请高校院所专家解决（19.92%）、利用互联网查找解决方案（14.94%）、委托咨询公司等专业机构解决（12.08%）。受访企业在搜集竞争情报、

---

① 括号内的数据表示选择该项的企业所占的比例。

技术信息、决策辅助信息方面，最主要的三种途径是：行业协会、联盟等机构（16.93%）、参加专业培训（15.55%）、参加专业展会（14.09%）。

曾使用过专业科技信息平台的受访企业，认为最有用的资源见图6-2。

20. 若您曾使用过专业科技信息平台，请填写3类对您最有用的资源(多选) *		
[1]从未使用过这类平台	48	4.42%
[2]科技期刊	148	13.62%
[3]硕博论文	59	5.43%
[4]会议论文	60	5.52%
[5]重要报纸	44	4.05%
[6]国内外标准	103	9.48%
[7]科技成果汇编	94	8.65%
[8]专业工具书	69	6.35%
[9][10]商业评论	51	4.69%
[11]经济信息	41	3.77%
[12]政报公报	30	2.76%
[13]马德里商标数据库	9	0.83%
[14]中国海关备案商标数据库	9	0.83%
[15]国内商标图像数据库	18	1.66%
[16]全球专利数据库	43	3.96%
[17]中国专利题录、全文数据库	29	2.67%
[18]机构代码数据库	12	1.10%
[19]版权数据库	15	1.38%
[20]公司年报数据库	29	2.67%
[21]行业白皮书	78	7.18%
[22]公开发布的产业研究报告	58	5.34%
[23]专业技术著作	30	2.76%
[24]其他	10	0.92%

图6-2 受访企业认为最有用的科技信息资源

受访企业在使用专业科技信息平台时，遇到的主要困难见图6-3。

21. 您在使用专业科技信息平台时，遇到的困难主要包括(多选，最多3项)*		
[1]平台信息资源不完整,查不全	192	20.23%
[2]平台检索效率低,查不准	149	15.70%
[3]不清楚拟购数据的价格是否合理	135	14.23%
[4]平台信息有价值,但不解渴	148	15.60%
[5]平台信息服务价格太高	119	12.54%
[6]查询时遇到问题无处求助	84	8.85%
[7]平台信息更新频率低	67	7.06%
[8]平台维护差,时常无法登录	29	3.06%
[9]其他困难	26	2.74%

图6-3 受访企业在使用专业科技信息平台时遇到的困难

受访企业在与科研机构打交道方面，面临的主要困难见图6-4。

25. 对贵单位而言,与科研机构打交道,最主要的困难是什么?(多选,最多3项)*		
[1]科研机构的架子大	47	5.27%
[2]科研机构要价太高	101	11.32%
[3]科研机构不了解企业实际需求	198	22.20%
[4]科研机构的成果华而不实	100	11.21%
[5]实验室成果需中试、熟化	142	15.92%
[6]缺乏引荐、牵线的人	140	15.70%
[7]不熟悉不敢轻易相信	81	9.08%
[8]科学家只懂原理不懂实务	23	2.58%
[9]科研机构成果转化机制僵化	60	6.73%

图 6-4 受访企业在与科研机构打交道时遇到的困难

受访企业对科技信息数据库中的信息感兴趣的程度见图 6-5。

26. 您最关注高校院所、专业服务机构提供的下列哪些服务?(多选,每类最多3项)		
A. 文献情报类服务(多选,最多3项)*		
[1]学术期刊	166	16.68%
[2]会议论文	102	10.25%
[3]学位论文	95	9.55%
[4]专利技术	214	21.51%
[5]中外标准	123	12.36%
[6]科学数据共享	126	12.66%
[7]科技查新	123	12.36%
[8]电子图书	46	4.62%

图 6-5 受访企业对科技信息数据库中的信息感兴趣的程度

受访企业在使用科技信息数据库时的检索策略:①检索目标明确,清楚目标数据库的大致范围,但需分别检索后合并结果,期望提供全库检索服务的占41.26%;②检索目标明确,但不清楚目标数据可能存在于哪个数据库,策略是对各类数据库进行逐个检索的占27.51%;③无明确的检索目标,带着问题以浏览的方式查看,有时能查到有价值的信息、有时毫无所获的占21.21%。

受访企业对基于大数据的科技信息服务系统的期望。

(1)在平台大数据模型特性方面,希望知识图谱覆盖多学科多专业(21.64%)、支持对实时信息进行知识挖掘(20.90%)、支持多网络信息关联分析(19.64%)、数据信息格式统一或兼容性好(18.07%)。

(2)在平台大数据资源融合特性方面,希望支持多学科数据挖掘(25.62%)、支持混合数据融合关联匹配(19.83%)、支持数据确权和追踪保护(16.83%)、存储层级和负载存储优化(15.11%)。

(3)在平台大数据高效检索与智能分析特性方面,希望支持检索查询、预测、交互可视化(26.39%),科技资源知识图谱精准画像(24.34%),集成多领域知识服务构件（18.20%）、隐性知识推理与关系预测（16.12%）。

（4）在平台大数据价值评估服务系统特性方面，希望提供数据价值评估与第三方认证（29.89%）、提供数据交易的多方服务协同（27.82%）、完善的数据交换服务机制（25.86%）、科技大数据增值内容挖掘（16.44%）。

（5）在平台大数据的个性化服务方面，希望海量数据的快速检索（30.45%）、基于知识图谱的精准内容检索（21.04%）、内建分类用户立体精准画像（18.16%）、异质网络内容的精准推荐（16.17%）、理解和预测用户个性化需求（14.17%）。

（6）对平台使用体验的期待包括信息来源可靠（19.90%），信息收录全面（17.57%），信息更新迅速（17.18%），支持智能化启发式搜索（10.58%），分类导航指引清晰、人性化（10.49%），支持语义检索（9.32%），可对搜索结果进行自动分析（8.45%），价格合理、付费方式多样（3.79%），提供与问题强相关的内容推荐（2.72%）。

从问卷调查结果上看，目前科技信息服务行业的服务水平、服务质量与中小型科技企业的实际服务需求仍然存在较大差距。一是现存的海量科技信息数据尚未实现充分开放共享；二是对已实现开放共享的数据缺乏价值挖掘，未形成满足创新主体需求的科技信息服务产品；三是科技信息服务的技术手段、服务模式、服务理念需不断革新，持续创造用户价值。

2. 科技信息共享服务平台存在的主要问题

辛一[36]对天津、山西、吉林等九个省（自治区、直辖市）的科学数据共享平台网站进行了跟踪研究，结果显示：省级科学数据共享平台的建设情况不容乐观，表现在网站的功能较为单一，可浏览、检索、获取的科技信息数据资源不够丰富，平台提供的数据管理、数据分析功能较少。

我国科技信息的开放共享已取得长足进展，但仍存在问题和不足[37]，主要包括：科技信息共享理念仍未得到广泛认同，尚未构建起科技信息开放共享的行业生态，科技信息集中式保存、管理、加工、服务的机制和渠道尚不健全；科技信息的质量良莠不齐，数据规范尚不统一，数据质量评价体系尚不完整，不利于科技信息的集约化利用；对于如何保护科技信息权益持有人的合法利益缺乏有效措施和激励机制，影响个人和机构向科技信息共享平台提供信息资源的积极性；缺乏用于海量多源异构科技信息的分析、挖掘工具，在生产工具、分析工具的功能创新方面存在短板。

6.2.3 加强科技大数据开放共享的措施建议

（1）完善科技信息资源开放共享的政策体系、法规体系。首先做好顶层设计，加强科技信息开放共享、知识产权保护的立法工作，扫除科技信息共享的体制、机制障碍，加快完善数据管理规范、技术标准体系，完善组织保障体系、经费保障体系，出台政策配套的实施细则，强化政策落地的可操作性。

（2）积极推动科学数据资源标识工作。2017 年，《科技资源标识》国家标准正式实施。科技资源标识体系对于规范科技资源的管理与使用、加强数据产权保护、提升数据应用服务能力具有重要意义。对科技大数据资源的定位、追溯、引用、统计与评价，是构建开放共享生态系统的重要手段。

（3）深入实施科技信息资源的质量评价工作。科技信息资源的评价包括科技信息生产、管理、传播、利用的全链条、全要素评价。通过研发评价科技信息资源质量的新方法、新手段，建立完善科技信息资源的质量评价体系，推动科技信息资源质量评价的标准化、规范化，是发挥科技信息资源效能的重要保障。

（4）严格执行财政资金支持项目的成果数据汇交。全面落实科技计划项目承担单位负责人、课题负责人对科技大数据汇交的主体责任，推动公共资金支持研发项目的数据汇交落到实处。强化国家科学数据中心的枢纽作用，以"投入一滴水、得到整条河"的共享模式，鼓励和吸引各级各类科研机构共享科技信息数据。

（5）建立实施客观、公正的评估和监督机制。在科技信息资源的规范生产、广泛发布、强化管理、溯源追踪、绩效考核、参考引用、价值及质量评估、数据信息服务反馈的全链条、多环节上，基于建立开放共享的数据信息全生态链的视角，制定实施公正的评价体系，调动数据生产者、管理者的积极性。

（6）开发科技信息资源开放共享的新工具、新方法。一是基于人工智能等技术建立科技信息资源生产、应用的全链条评估、监督机制，引导科技信息资源生产端的积极性；二是开发功能多样的新工具，解决科技信息资源共享过程中的数据权属溯源、数据传输安全等问题，有力地保护数据拥有者的合法权益。

6.3　科技信息服务技术发展情况

科技信息大数据主要包括三类[38]：①科技信息核心数据；②科技信息支撑数据；③科技信息外围数据。

随着新一代信息技术的广泛应用，创新主体对科技信息服务的需求呈现出个性化、定制化的趋势，科技信息服务系统要在服务理念、支撑技术等方面与时俱进，综合考虑理论可靠性、系统稳定性、功能可用性、场景适用性、技术经济性等。新型科技信息服务系统提供的知识服务与传统科技信息服务体系的区别体现在：系统服务关注的焦点不再是"我是否提供了您需要的信息"，而是"是否通过我的服务解决了您的问题"[39]。为了实现由资源驱动到用户需求的转变，需要明确科技信息服务系统的建设理念、功能定位，梳理网络化、智慧化的科技信息服务系统应用的核心技术研发进展及技术瓶颈。

6.3.1 科技信息服务系统建设面临技术、观念的变革

1. 科技信息服务科研范式的演化

2007 年，美国科学家吉姆·格雷对经验科学范式、理论科学范式、计算科学范式和数据密集型科学范式进行了归纳[40]。科技信息服务作为一项与观察、实验和论证密切相关的科研活动，同样经历着范式演化[41]。科技信息分析是以社会信息的系列加工环节为基本过程，为不同层次的科学决策服务的社会化智能活动[42]。大数据分析与科技信息分析均以信息数据为处理对象，对信息和数据进行有效的组织管理、分析挖掘。大数据分析与科技信息分析的共性主要体现在三个方面：定量分析、多源融合、相关分析[43]。李广建和杨林提出情报研究的发展趋势是转向全领域、转向智能化、利用多种数据源等[44]。

2. 大数据技术被广泛应用于科技信息分析

大数据技术可以弥补传统的科技信息分析方法借助结构化的查询方式难以探寻海量数据内部的相关性和因果关系的缺陷。大数据的数据格式的重要特点之一是异构性特征，数据来源、内容与形态更加多样化，基于多源信息融合技术的分析结果更能反映事物的真实情况。大数据处理分析工具较传统信息分析工具功能更强大，通过定量分析、机器学习技术，其数据处理、分析能力大幅提升[45]。大数据应用的缺陷在于数据价值密度低、依赖于数据深度挖掘，需更多考虑保护个人信息隐私。

3. 知识服务成为科技信息服务的核心主线

张晓林于 2000 年首次提出"图书情报工作的核心能力应该定位于知识服务"[46]。目前，对于知识服务的释义，获得较多认可的观点是：知识服务是借助大数据和人工智能等技术，基于各种显性、隐性知识资源，有针对性地提炼知识和信息内容，构建特定的知识体系，解决用户需求的过程[47]。

近年来，知识服务经历了五个发展阶段：以人力为主的图书馆服务；基于计算机、互联网的检索服务；以用户交互为重点的数字图书馆服务；语义网驱动的知识发现服务；基于大数据的综合知识发现服务[48]。随着大数据、人工智能技术对科技信息服务的影响日益显著，利用深度学习、知识对象挖掘与结构聚类等方法，对科学研究方法、技术解决方案进行挖掘和分析已成为前沿热点[49]，情报分析走向智能计算的发展趋势日益显著[50]。

4. 企业用户对竞争情报技术手段升级的需求迫切

竞争情报的重要作用是：企业通过竞争预警系统感知外部环境的变化、跟踪竞争对手的技术进展，基于竞争情报支持生产经营决策，保持企业的竞争优势[51-53]。收集竞争对手、市场信息的主要渠道是公开信息来源和其他不违法前提下可获取的非公开发表信息[51,54]。从分析方法来看，常见的有定标比超、SWOT①、专利分析、五力分析、财务分析等[53]。在技术工具方面，可选择的方法及工具包括数据挖掘、文本挖掘、网络挖掘、可视化技术、信息抽取、一般统计分析、代理软件等[55]，将情报信息转化为情报产品，为企业制定重大战略、应对发展危机、赢得商业谈判提供参考[56]。

大数据环境下，竞争情报在企业战略预警、危机管理等方面发挥着日益重要的作用[57]。目前竞争情报面临全信息源获取、分析复杂化与实时化的紧迫问题，多源信息可基于大数据技术解决，复杂分析、实时分析需结合智能化技术及工作流程组合予以解决[58,44]。竞争情报分析的重点方向包括非结构化数据处理、关联关系分析、实时分析等[59]。目前竞争情报应用的重点方向是对海量实时信息进行快速、精准响应，通过知识发现构建持续应变分析模式[60]，支持企业做出高效精准决策。

5. 政府用户对大数据技术手段的应用需求迫切

非结构化数据处理、关联关系分析、实时分析等大数据处理技术，不仅可服务于科技信息服务领域，在政务服务领域也拥有巨大的应用潜力。大数据技术可辅助政府机构科学决策，提升社会治理的精准化程度，为高效的社会公共服务提供技术支撑，有助于进一步推进政府职能转变、改善政务信息条块分割的现状。

2013年11月，党的十八届三中全会提出推动国家治理能力现代化。2015年8月，《促进大数据发展行动纲要》（国发〔2015〕50号）提出加快政府数据开放共享，提升治理能力。2016年7月，《"十三五"国家科技创新规划》提出建设数据开放共享标准体系。2017年5月，《政务信息系统整合共享实施方案》（国办发〔2017〕39号）提出"建立物理分散、逻辑集中、资源共享、政企互联的政务信息资源大数据"。习近平在2017年12月8日政治局集体学习会上强调"要运用大数据提升国家治理现代化水平。要建立健全大数据辅助科学决策和社会治理的机制，推进政府管理和社会治理模式创新"②。

提升我国政务大数据的应用水平，需要分阶段实现政务数据的开放、融合、共享，但在实际工作中经常遇到部门间各自为政、管理体系条块分割、政务"信息孤岛"等问题，这成为我国政务信息化建设的"拦路虎"。

在大数据治理方面，目前政务信息系统面临如下问题。

---

① S指的是优势（strengths），W指的是劣势（weaknesses），O指的是机会（opportunities），T指的是威胁（threats）。

② http://news.cnr.cn/native/gd/20171210/t20171210_524056075.shtml [2019-12-06]。

一是部分政务信息系统在建设初期的需求分析、系统设计环节，并未考虑与其他部门实现信息互联互通，对少量数据的转换、共享尚可依赖人工操作，但在涉及各类"信息孤岛"数据的批量、自动转换时，往往因系统架构设计、底层业务逻辑层面的限制而举步维艰。

二是在部分政务信息服务领域，大量政务信息往往融合了行业领域专业知识、部门管理规章制度、业务办理流程及材料需求、部门考核评估机制等相关内容，模态多样、领域分割、场景差异，难以实现跨界融合、跨领域共享。

在数据管理机制方面，政府部门多采用招标的方式选择政务信息系统的开发团队，这可能导致在不同时期选择了多个开发团队、多次增加新业务模块补丁，或者由不同团队开发的子系统同时运行。政务信息系统往往因数据库封闭、文档缺失、运维服务缺位等，难以与其他管理部门实现互通互联。同时，极个别信息部门主管领导因为"怕出事"，索性一概不对外开放数据，更导致政务服务数据的可用性、可信性、完整性降低。上述因素综合导致的具体技术问题如下。

（1）政务数据难以精准获取。各级政府信息系统因更换建设方、文档及代码缺失、架构设计缺陷等，形成了各种类型的"信息孤岛"；"信息孤岛"内的数据大量使用非标准化协议，部分数据未正确设置数据加密及存取权限，导致大量政务数据无法通过自动化、批量化的数据转换工具进行精准提取。

（2）政务数据存在语义鸿沟。各级政府开发的异构信息系统，因长期存在"孤岛效应"，大量政务数据的一致性、完整性、准确性均较差，形成了严重的语义鸿沟。基于机器学习的数据融合算法在处理此类数据时，往往难以对数据缺失、语义混淆的海量数据进行共享融合、深度分析。

（3）政务数据关联分析困难。政务"信息孤岛"内的数据难以精准获取、难以统一语义，导致现有的数据挖掘算法无法对多源异构政务数据间的关联关系、时空变化趋势进行分析，难以为科学决策提供实质性的技术支撑。

（4）政务数据隐私保护难题。政务数据涉及国家、政府、行业、公民的私密，数据隐私安全要求较高，需在实现政务治理应用的数据融合共享的同时，保证政务数据的可用性、可信性、隐私性和完整性。

我国在大数据技术研发应用相关领域已取得长足进展，在软件系统、大规模数据管理、数据挖掘等细分技术领域取得了一定的研究成果，在企业应用上也初见成效。但目前我国在核心技术上与国际一流水平尚有差距，尚未形成基于自主可控的核心技术的大数据生态系统技术体系。

6.3.2 科技信息服务系统核心技术研发进展

1. 多源信息融合方法与技术研发进展

随着社会经济快速发展，信息渠道、信息类型日益革新，如何处理复杂的多源数据成为科技信息服务的重要课题[38]。信息融合最早应用于军事领域，后在情报分析等多个领域得到发展。信息融合的内涵是对来自多个信息源的信息进行多层次、多维度的处理，实现自动检测、关联、估计及组合等处理。

在科技信息服务的主要用户内部（政府、科研机构、大型企业），存在大量孤岛式Web应用系统。对大量"信息孤岛"内的数据信息进行共享融合，技术复杂度仍然较高，尚无有效的技术手段、明确的解决方案。在缺乏原应用系统开发团队配合、无源代码和数据字典的前提下，高效、低成本地实现"信息孤岛"开放，仍面临诸多困难和挑战，人工参与仍然是数据融合过程中不可或缺的部分。

陈科文、Naumann等从数据处理、系统设计、融合模型等方面梳理总结了多源信息融合的关键问题[61,62]。多源数据融合一般会涉及某个具体问题或应用场景，大多使用多种技术方法的组合解决问题，缺乏对多源、异构、跨界信息进行融合的通用解决方案或技术系统。

多源信息融合包括信号级、特征级、决策级融合[38]。多源信息融合技术需要解决数据信息的唯一识别、自动去重、字段映射、异构数据加权等问题，涉及的技术方法比较复杂，需要梳理各种方法之间的逻辑关系和内在联系，形成技术体系，达到持续提高信息处理效率和处理能力的目的。

多源信息融合的常规算法包括等值融合法等；基于概率论的方法包括贝叶斯方法[63]、D-S（Dempster-Shafer）证据理论[64]等，其中贝叶斯方法又包括贝叶斯估计、贝叶斯滤波[65]和贝叶斯推理网络等；基于模糊推理的方法包括模糊集、粗糙集[66]等；基于人工智能技术的计算方法包括神经网络[67]、深度学习算法[68]等，可以通过训练将不严整的数据信息融合成完善的数据[61]。

张志强提出，应构建专业型、战略型等科技情报研究新范式[69]。郑彦宁等认为，基于多元方法处理多源信息形成的产业竞争情报产品具有更高的有效性[70]。从理论研究到实践应用，多源信息融合技术已成为科技信息服务领域的研发热点。

2. 知识图谱技术研发应用进展

语义网络[71]是存储知识信息的数据结构，可以将自然语言的句子用图来表达和存储，可应用于自然语言理解[72]、机器翻译[73]和问答系统[74]。2012年，谷歌公司提出了知识图谱的概念。语义网络的研究在20世纪末的代表性成果是CLASSIC语言[75]和FaCT推理机[76]。2000年以来，语义网络的新应用场景是语义Web[77]，用户可以上传各种图结构的数据并建立链接、形成链接数据[78]。

知识图谱技术强调实体间的关联和实体的属性值。一般通过维基百科等数据库得到半结构化的高质量知识，利用知识挖掘技术实现知识图谱的构建，产生计算机可读的知识，用于开发各类知识服务应用。知识图谱技术的相关技术体系见图6-6[79]。

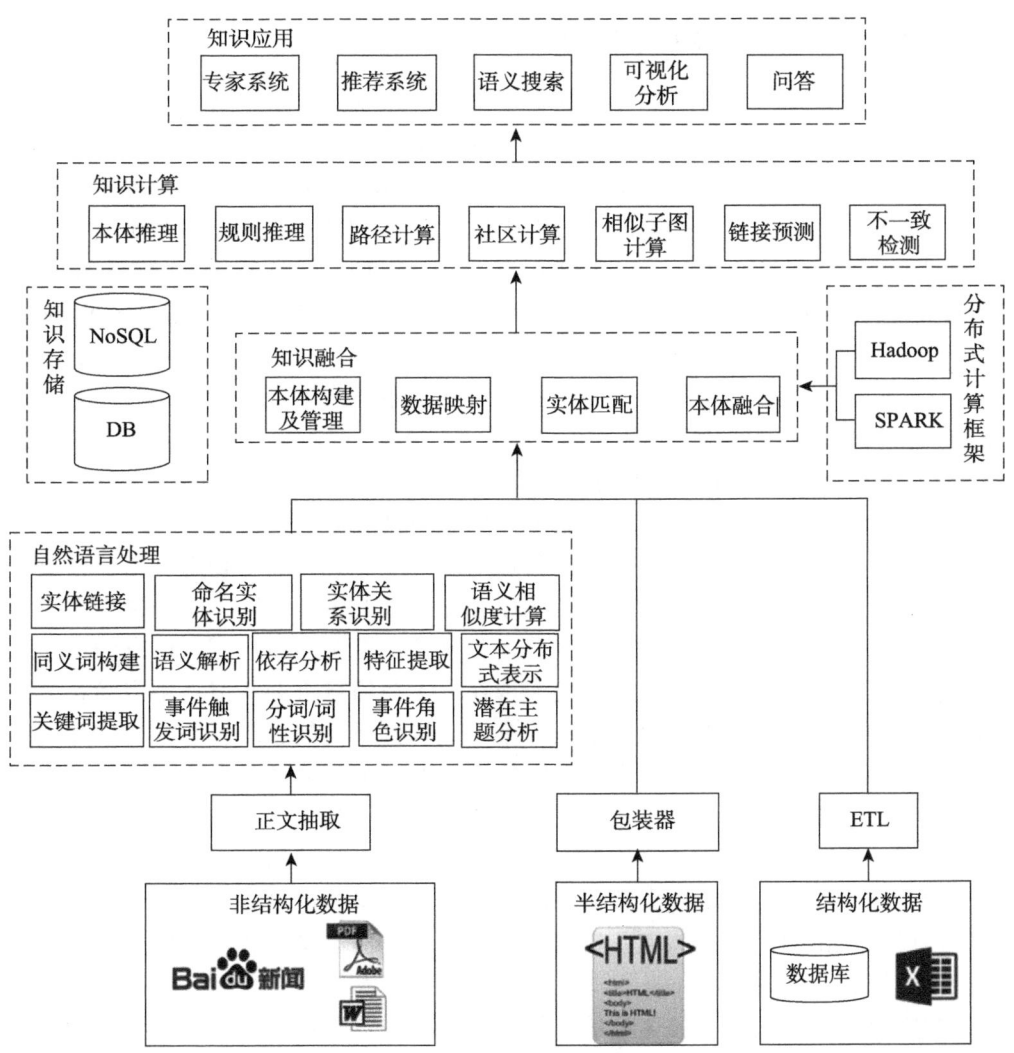

图 6-6 知识图谱技术的相关技术体系

NoSQL 泛指非关系型的数据库，区别于关系型数据库；DB 泛指数据库，因多数软件的数据库文件的后缀名是".db"而得名；Hadoop 是一个分布式系统基础架构，用户可以在不了解分布式底层细节的情况下，开发分布式程序，利用集群的能力进行高速运算和存储；SPARK 是美国加州大学伯克利分校的 AMP 实验室开发的一种开源集群计算环境；ETL 是英文 extract-transform-load 的缩写，用来描述将数据从来源端经过抽取（extract）、转换（transform）、加载（load）至目的端的过程

知识图谱可在大数据文本分析、图像理解等领域发挥重要作用，其发展面临以下问题：大数据缺乏规范、质量不高，如何从其中挖掘高质量的知识信息是难点之一；构建垂直领域的知识图谱缺乏自然语言处理的相关资源，如词典；缺乏构建知识图谱的通用、高效工具，尚未形成通用的知识图谱服务平台。

3. 知识服务应用进展及存在问题

国内外科技信息服务机构不断探索基于知识计算的智能信息服务，Taylor 出版集团研发的 wizdom AI[80]可使科学家快速了解特定学科领域的研究热点、重要研究机构及研究者、文献的动态变化情况；Semantic Scholar[81]语义学术搜索引擎提供了区别于传统关键词搜索的智能知识发现服务；Digital Science[82]研发了可提升科研效率的创新软件、工具和咨询服务，包括关联研究信息系统（如Dimensions）、科研数据管理平台（如 Figshare）、文献管理平台（如 ReadCube）等。Elsevier[83]研发了 Scopus、Hive Bench、Mendeley、Pure 及 Analytical Services 等数字化知识工具。国内机构逐步探索开展知识服务应用，如中国知网、万方数据的知识发现服务，国家科技图书文献中心（National Science and Technology Library，NSTL）的智能检索服务[84]。尽管国内外科技信息服务机构均在努力构建基于新一代信息技术的新型知识服务体系，但目前仍无成功先例可循[85]。

当前，随着信息技术快速发展，科技信息"爆炸式"增长和用户需求日益个性化的发展趋势，我国科技信息服务领域存在巨大的供需矛盾，张晓林提出应积极推动知识服务的供给侧结构性改革[86]。科技信息资源与用户需求信息的不匹配导致的科技信息资源供需失衡，主要表现在：①在信息查询环节，用户受科技信息资源的数据管理、检索手段的限制，难以查询到所需信息；服务机构的知识库藏量浩繁，但无法精准提供给用户。②知识提取环节，科技信息资源缺乏二次开发，科技信息服务机构成为科技信息资源的仓库而不是加工车间，信息资源未经有效挖掘，难以充分发挥其价值。③智能应用方面，科技信息服务行业缺乏具备知识计算、服务能力的科技大数据中心，缺乏用于科技信息分析、多源异构信息融合、通用知识图谱构建的工具集或者方法库，科技信息服务的响应速度慢、自动化程度低。

在用户层面，知识服务体系的良好使用体验来自科技信息的精准搜索结果。科技信息服务机构为了全面了解用户的需求、行为，基于海量多源异构数据向用户提供精准的科技信息搜索服务，目前面临以下技术瓶颈。

①数据语义标引。对数据进行精确的标引加工是提供精准搜索服务的前提。传统的标引加工手段在面对非结构化的高维数据时遭遇了重大挑战[87]。②知识快速处理计算。随着科技信息数据量的指数级增长，在提升搜索服务体验、降低搜索成本方面，应重点考虑算法层面的优化，在节约服务器购置支出的同时加快信息计算处理速度。③用户数据的安全与存储。若要实现个性化、定制化的精准搜索，不可避免地需要持续获取用户的行为记录。如何在实现个性化服务的同时兼顾对个人信息安全的保护，是技术难题之一。富媒体数据对数据的存储、传输也提出了挑战。

6.3.3 科技大数据服务体系顶层设计

1. 大数据时代信息分析面临的关键问题

官思发和朝乐门[88]总结了科技信息分析亟待解决的五个问题：①更新信息分析理念；②保障信息分析资源；③革新分析方法；④开发分析工具；⑤探索信息分析工作模式。

在思维变革方面，大数据已成为获取新知识的重要来源[89]。在多元数据融合方面，对多源数据库的集成[90]、对学术信息资源的整合[91]成为完成科技信息分析任务的重要保障。在科技信息分析的方法方面，以往的文献分析方法包括引文分析等科学计量分析方法，时间序列分析、聚类分析等统计分析方法，数据挖掘等计算机辅助分析方法。这些分析方法已不适应大数据应用背景下多源数据融合、可视化分析的需要，需要创新信息处理手段、开发专业高效的分析工具、探索新型信息分析工作模式。

2. 建设数字化、协同化、知识化的科技大数据平台

建设科技信息大数据中心是各方协作的共建过程，需面向科技信息的全生命周期，整合科技信息生产端、数据处理加工端、用户端，面向科技服务价值链条，以分布式大数据中心的模式，协同建设数字化、协同化、知识化的科技信息服务平台。中国科学院文献情报中心在"十三五"期间建成了智慧型知识服务中心体系[48]，见图6-7。

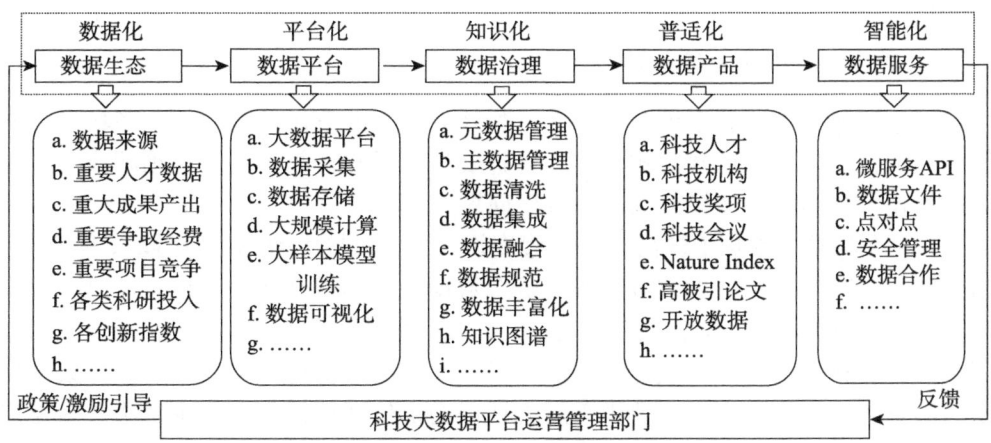

图 6-7 科技大数据顶层设计体系

Nature Index（自然指数）是依托于全球顶级期刊，统计各高校院所（国家）在国际上最具影响力的研究型学术期刊上发表论文数量的数据库

该系统在构建数据生态、开发数据治理工具及数据服务引擎、生产数据产品等方面，初步实现了业务工作数据化、信息数据知识化、数据价值释放普适化、数据利用智能化[48]。

6.4 基于大数据技术的科技信息服务体系建设

2019年10月，由北京邮电大学牵头承担的国家重点研发计划"科技大数据理论与技术研究"项目正式启动。项目承担单位及参与单位包括北京邮电大学、复旦大学、湖南大学、合肥工业大学、中国科学院自动化研究所、清华大学、中国科学院计算技术研究所、西安交通大学、北京市科学技术情报研究所、北京百度网讯科技有限公司、暨南大学、中国科学院文献情报中心、北京大学、中国科学技术大学、北京航空航天大学、西安电子科技大学、南京大学、华中科技大学、国家旅游局信息中心、西北工业大学、北京生产力促进中心、国家信息中心、科大讯飞股份有限公司。

该项目以科技大数据的数据链、知识链、资源链、价值链、服务链的五链深度融合为目标导向，从科技大数据的模型标准出发，研究与人工智能技术深度结合的数据集成、知识图谱、资源画像、价值评估和服务模式等核心内容，以提高科技资源的共享效率和服务水平，进一步实现科技资源与服务创新及经济社会发展的深度融合。

6.4.1 项目拟解决的关键科学问题、拟突破的关键技术

1. 项目拟解决的关键科学问题

（1）在科技大数据建模分析方面，科技大数据的资源标准不一、多粒度、非结构化的特点导致难以建立规范化、可扩展的表示与计算模型，亟须解决"多源异构科技大数据精准建模与动态集成"问题。

（2）在科技大数据汇聚融合与检索查询方面，科技大数据的跨领域、跨学科、跨媒体、跨时空的特征导致难以实现资源数据的实体识别和快速检索，亟须解决"跨媒体跨学科科技大数据的跨域融合、高效检索与资源画像"问题。

（3）在科技大数据价值评估方面，科技大数据的价值评估体系缺失、数据交易与服务协同量化程度低、缺少第三方认证的价值评估模型，亟须解决"多模态科技大数据的价值链构建与质量评估"问题。

（4）在科技大数据精准服务方面，科技服务产品单一、对用户缺乏精细分类，科技资源与服务模式难以动态协同集成，亟须解决"多源异构科技大数据中的价

值发现、分类用户画像与精准服务"问题。

2. 项目拟突破的关键技术

（1）多源异构科技大数据的表示模型、计算模型与预测分析技术。核心元数据是科技资源建模和集成的基本单位，目前科技资源数据存在标准不统一、结构多元化等多种问题，需要对跨领域跨学科的科技资源数据进行系统化建模和提出相应的分析方法。为此，需要通过词库建设、本体设计、语义计算、语义映射、语义集成等手段，建立规范化、可扩展的科技资源语义模型，解决科技大数据的动态集成问题；进一步完成领域通用的计算模型抽象，实现科技资源在语义方面的元数据集成与共享，以及自动发现科技资源数据内容之间的相互关系；并探索基于语义分析技术与知识图谱技术融合应用的科技大数据预测分析、实时分析与多学科数据协调分析方法。

（2）跨媒体跨领域科技大数据的实体识别、汇聚融合与演化分析技术。科技大数据具有跨领域、跨学科、跨媒体、跨时空等特点，这给海量异构的科技资源服务核心元数据的编目、管理和共享带来了挑战，现有的技术难以支撑一个典型的跨媒体科技大数据服务平台。为此，对跨媒体（文档、图像、音频、视频等）科技资源进行实体识别，首先需要解决不同媒体对同一实体的表达的一致性匹配问题；进一步对识别的实体进行跨域融合，解决科技大数据主题融合度低、时空分布不一致的问题；并利用面向科技领域的动态演化分析技术，形成跨媒体跨领域科技大数据解析、筛选、映射、知识融合、知识对齐的关联机制。

（3）跨媒体跨学科科技大数据的语义关联快速检索与资源画像技术。科技服务的一个重要需求是实现科技资源的快速检索，为了提升跨媒体跨学科科技大数据的信息检索效率和服务质量，首先需要克服多源异构的海量科技资源内部语义关联弱等难题，通过深度语义理解、递归推理等人工智能技术对科技资源的公共语义空间进行建模，基于领域数据建模语言和建模方法对核心元数据进行规范化描述，使核心元数据的语法结构、语义结构更为规范，同时能够无二义性地表现和获取信息，实现科技大数据的高效分区索引和快速语义关联检索；其次，现有技术方案对科技资源的描述不精准，需要结合跨领域、跨学科等特点重新构建多维度多尺度的立体精准资源画像，并保持资源画像活性，完成资源画像的动态演化与自我更新管理，实现多重维度量化评估。

（4）多模态科技大数据的价值链构建与第三方认证和评估技术。针对科技大数据资产价值低估、对现有科技大数据产品的数据价值挖掘不足的现象，需要解决多模态科技大数据的价值发现与评估问题，构建能够充分体现数据价值的科技大数据价值评估体系。为此，需要综合考虑从数据、信息、知识等多个层面对数据价值进行建模，实现科技大数据价值链的全过程刻画，构建基于特征选择、人机协同的第三方价值评估指标体系，完成科技大数据全过程交易的核心增值节点识别和增值路径挖掘，通过构建交易机制与盈利模式、定价策略与价值分摊模型，对科技大数据交易与服务进行协同设计，实现服务价值链的质量评估与优化。

（5）知识图谱驱动的高可信用户画像、精准推荐与搜索服务技术。目前科技服务业对用户需求的分析缺乏精细分类，难以建立高可信用户画像以支撑个性化的精准服务需求。为此，需要通过对用户行为特征的深度学习实现对用户需求的精准分类，建立高可信的多维多尺度立体精准用户画像，形成需求驱动的知识服务体系；并结合学习到的分类用户个性化需求，建立科技资源与分类用户需求的知识图谱，实现服务需求的快速感知和资源的按需集成，确定 B2B（business to business）/B2C（business to customer）/C2B（customer to business）/C2C（customer to consumer）等不同类型场景下科技资源与服务需求的动态协作模式，提高服务的可信度、直观性和可交互性；最后，基于协作服务模式，设计精准推荐和快速搜索服务算法，实现资源与服务的自动化快速融合。

6.4.2　项目主要研究内容

国家重点研发计划"科技大数据理论与技术研究"项目的研究内容见图 6-8。

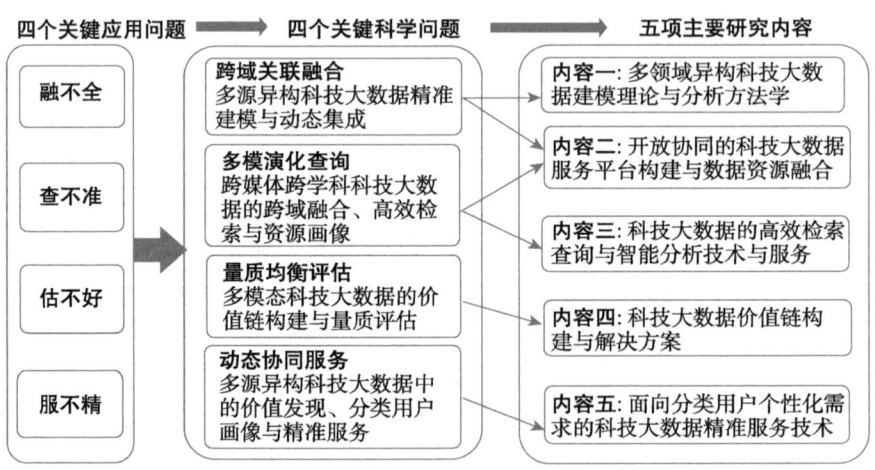

图 6-8　国家重点研发计划"科技大数据理论与技术研究"项目的研究内容

（1）围绕科技资源与科技服务的语义关联需求，研究多领域科技资源核心元数据的规范化、可扩展的表示模型，突破多源异构科技大数据的语义关联化、层次化、图谱化建模与统一表示技术；研究以结构、关系与主题特征统一描述为核心的可计算表示模型，实现非结构化科技文档、半结构化科技资讯和结构化对象信息的关联分析处理和动态集成；探索基于语义分析技术与知识图谱技术融合应用的科技大数据预测分析、实时分析与多学科数据协调分析方法，提高科技衍生数据的实用价值。

（2）以云计算的分布式存储及开发框架为支撑，研究基于时空深度特征的实体识别和匹配技术，实现从数据层、特征层到模式层的跨领域跨学科的科技大数据汇聚融合与演化分析；运用知识推理、迁移学习与分布式动态预测等技术，研究多源异构科技大数据中实体和模式的更新与管理机制；研究以多粒度知识服务为核心的大数据处理架构和引擎，构建支持数据交换、可信确权、追踪保护的科技大数据资源融合系统平台，实现科技大数据的生命周期管理。

（3）研究跨领域、跨学科的科技大数据与公共语义特征空间关联映射方法，基于动态语义理解、多尺度分解和递归推理技术，挖掘多源异构科技大数据的动态演进规律，实现跨媒体科技大数据的深度语义理解；研究科技资源数据的高精度动态立体精准画像技术，完成画像的多重维度量化评估，实现科技大数据的快速检索和趋势预测；研究基于网络嵌入技术的多视角可视化展示，开发面向服务的知识服务构件，提升科技资源的利用效率，开发科技大数据检索查询系统。

（4）研究科技大数据聚合、融合、交易、服务的多元化价值链构建技术，实现全周期连续系统的价值链建模；研究基于特征选择和人机协同的价值评估指标体系构建方法，构建第三方认证的科技大数据价值评估指标体系；研究科技大数据全过程交易的核心增值节点识别和增值路径挖掘技术，实现科技大数据的最优增值路径设计；研究科技大数据的交易机制与盈利模式、定价策略与价值分摊技术，实现科技大数据交易与服务的协同优化，形成科技大数据价值评估系统。

（5）构建开放共享的模型库、数据库、构件库等科技资源池，研究需求驱动的知识服务体系，实现知识图谱驱动的科技大数据精准服务，形成开放协同的创新服务模式；研究多维多尺度精准分类用户画像技术，实现对个性化用户需求的精准分类，建立 B2B/B2C/C2B/C2C 等不同类型场景下资源与服务需求的动态协作模式；研究科技大数据的精准推荐与快速搜索服务技术，以生产力促进中心、科技企业为载体，研发科技大数据服务平台，提升我国科技服务的专业化程度。

国家重点研发计划"科技大数据理论与技术研究"项目的技术路线见图 6-9。在项目研究过程中，针对项目组各单位聚集与支持的有效科技大数据资源，重点突破科技大数据建模与集成、跨媒体科技大数据资源画像与检索查询、多模态科技大数据价值评估，以及多维多尺度分类用户画像与精准服务等理论与技术难题。围绕上述研究目标，项目依据"核心明确、重点突破、协同耦合"的原则设置各项研究内容并开展分工合作。

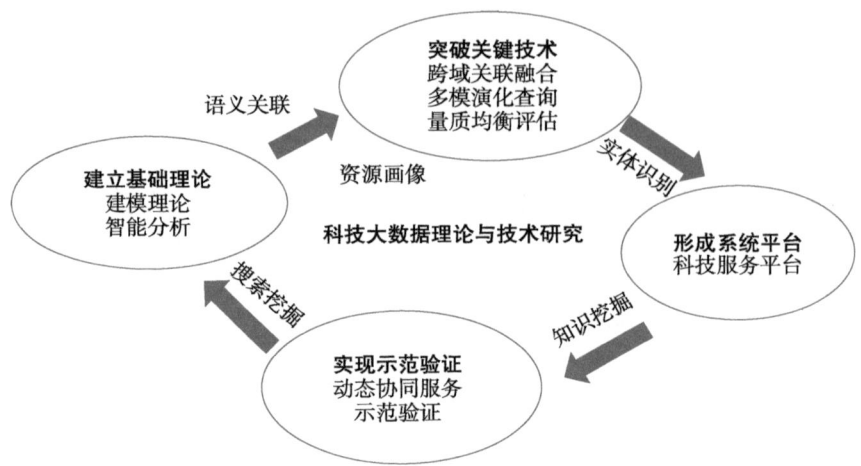

图 6-9　国家重点研发计划"科技大数据理论与技术研究"项目的技术路线

6.4.3　项目的科学价值、技术价值及社会、经济效益

1. 项目的科学价值

项目以科技大数据的数据链、知识链、资源链、价值链、服务链的五链深度融合为目标导向，研究面向科技服务的数据集成、知识图谱、资源画像、价值评估和服务模式等核心要素。项目围绕多源异构科技大数据精准建模与动态集成，跨媒体跨学科科技大数据的跨域融合、高效检索与资源画像，多模态科技大数据的价值链构建与质量评估，多源异构科技大数据中的价值发现、分类用户画像与精准服务等科技大数据领域亟须解决的四个关键科学问题，在多领域异构科技大数据建模理论与分析方法学、开放协同的科技大数据服务平台构建与数据资源融合、科技大数据的高效检索查询与智能分析技术与服务、科技大数据价值链构建与解决方案以及面向分类用户个性化需求的科技大数据精准服务技术等方面开展体系化理论研究，建立科技大数据建模与分析理论体系框架，提出了以云计算分布式存储和多粒度知识服务为核心的科技大数据处理架构，将在科技资源数据的高精度动态立体精准画像、多维多尺度精准的产学研分类用户画像、多模态科技大数据的第三方价值评估、高可信精准服务与快速搜索等方面取得原始理论创新，形成开放协同的创新服务模式，提高科技衍生数据的利用价值，为科技服务产品创新、科技大数据价值链构建、科技创新生态打造等场景的大数据分析与精准服务提供坚实的理论基础与支撑。

2. 项目的技术价值

以支持开放共享的科技大数据理论与体系结构为轴心，汇聚跨领域、跨学科、跨媒体、跨时空的科技成果资源和科技支撑资源，形成典型科技大数据服务平台；以行业对接和区域对接为两翼，将人工智能、科技大数据和云计算相融合，打造面向科技服务的科技大数据建模理论、资源融合、检索查询、价值评估和动态协同服务模式。项目将突破多源异构科技大数据的表示模型、计算模型与预测分析技术，跨媒体跨领域科技大数据的实体识别、汇聚融合与演化分析技术，跨媒体跨学科的科技大数据语义关联快速检索与资源画像技术，多模态科技大数据的价值链构建与第三方认证和评估技术，以及知识图谱驱动的高可信用户画像、精准推荐与搜索服务技术等五项关键技术，攻克科技大数据与精准服务关键技术，形成科技大数据的典型解决方案，探索形成科技大数据及服务商业模式，获得发明专利或登记软件著作权等具有自主知识产权的系列成果，提升我国科技服务业对科技创新和数字经济发展的支撑能力，具有显著的技术价值。

3. 项目的社会、经济效益

项目成果主要服务于中小微企业技术协同创新，同时为科技知识查询、"产学研用"协同和国家科技战略咨询提供理论方法和技术支撑。在全国科技服务需求爆发式增长的趋势下，项目提出的科技大数据智能分析处理方法和科技服务创新模式将通过国家信息中心、中国科学院文献情报中心、北京市科学技术情报研究所等合作单位服务于国家科技战略咨询，提升我国科技支撑产业的发展能力，培育和发展战略性新兴产业，推动我国数字经济的发展；助推全国中小微企业科技创新与经济社会发展的深度融合，最终形成"一轴两翼三圈四化五链多点"的智能化、精准化、集成化和个性化的科技服务新模式。

参 考 文 献

[1] 2020-2025年中国科技情报行业全景调研与发展战略研究咨询报告[R]. 中研普华集团, 2020.

[2] Memorandum on transparency and open government[EB/OL]. https://www.presidency.ucsb.edu/documents/memorandum-transparency-and-open-government[2021-10-08].

[3] The White House. Freedom of information act[EB/OL]. https://www.justice.gov/sites/default/files/oip/legacy/2014/07/23/presidential-foia.pdf[2018-06-08].

[4] Executive office of the president national science and technology council[EB/OL]. https://obamawhitehouse.archives.gov/sites/default/files/microsites/ostp/openinnovation_memo0611_finalv4.pdf[2021-10-08].

[5] Freedom of information act guideline[EB/OL]. https://www.justice.gov/sites/default/files/ag/

legacy/2009/06/24/foia-memo-march2009.pdf[2018-06-01].

[6] Orszag P R. Open government directive[EB/OL]. https://obamawhitehouse.archives.gov/open/documents/open-government-directive[2018-07-03].

[7] The open government partnership second open government national action plan for the United States of America[EB/OL]. https://obamawhitehouse.archives.gov/sites/default/files/docs/us_national_action_plan_6p.pdf[2021-10-08].

[8] The open government partnership national action plan for the United States of America [EB/OL]. https://obamawhitehouse.archives.gov/sites/default/files/us_national_action_plan_final_2.pdf[2021-10-08].

[9] Burwell S M，VanRoekel S，Park T，et al. Open data policy—managing information as an asset [EB/OL]. https://project-open-data.cio.gov/policy-memo/[2021-10-08].

[10] Data tools[EB/OL]. https://resources.data.gov/categories/data-tools/[2021-10-08].

[11] 王祎，张辉，陈延凤. 美国政府数据开放网站管理体系研究及启示[J]. 中国科技资源导刊，2020，52（1）：14-18，89.

[12] 国家科技基础条件平台中心. 国家科学数据资源发展报告：2018[M]. 北京：科学技术文献出版社，2019.

[13] 孙九林，林海. 地球系统研究与科学数据[M]. 北京：科学出版社，2009.

[14] 郭华东. 科学大数据——国家大数据战略的基石[J]. 中国科学院院刊，2018，33（8）：768-773.

[15] Data management and use: governance in the 21st century[EB/OL]. https://royalsociety.org/~/media/policy/projects/data-governance/data-management-governance.pdf[2021-10-08].

[16] 王瑞丹，杨静，高孟绪，等. 加强和规范我国科学数据管理的思考[J]. 中国科技资源导刊，2018，50（2）：1-5.

[17] 王瑞丹，高孟绪，石蕾，等. 对大数据背景下科学数据开放共享的研究与思考[J]. 中国科技资源导刊，2020，52（1）：1-5，26.

[18] 于贵瑞，何洪林，周玉科. 大数据背景下的生态系统观测与研究[J]. 中国科学院院刊，2018，33（8）：832-837.

[19] 何国金，王力哲，马艳，等. 对地观测大数据处理：挑战与思考[J]. 科学通报，2015，60（Z1）：470-478.

[20] About DOAJ (Directory of Open Access Journals) [EB/OL]. https://doaj.org/about/[2021-10-08].

[21] About PMC(PubMed Central®)[EB/OL]. https://www.ncbi.nlm.nih.gov/pmc/about/intro/[2021-10-08].

[22] GoOA 服务[EB/OL]. http://gooa.las.ac.cn/paperc/#/help/help_aboutus [2021-10-08].

[23] About the registry[EB/OL]. http://roar.eprints.org/information.html [2021-10-08].

[24] About OpenDOAR[EB/OL]. https://v2.sherpa.ac.uk/opendoar/about.html [2021-10-08].

[25] CAS IRGrid 成果浏览与检索[EB/OL]. http://www.irgrid.ac.cn/simple-search [2021-10-08].

[26] 热烈祝贺"中国高校机构知识库联盟" 9 月 22 日正式成立 [EB/OL]. http://tlhp.imu.edu.cn/3184/ %e7%83%ad%e7%83%88%e7%a5%9d%e8%b4%ba%e4%b8%ad %e5%9b%bd%e9%ab%98%e6%a0%a1%e6%9c%ba%e6%9e%84%e7%9f%a5%e8%af%86

e5%ba%93%e8%81%94%e7%9b%9f%ef%bc%88chair%ef%bc%899%e6%9c%8822%e6%97%a5/[2021-10-08].

[27] 赵艳, 张晓林, 郑建程. NSTL 推进实施科技文献开放获取的研究与实践[J]. 数字图书馆论坛, 2020, (9): 2-8.

[28] Berlin declaration on open access to knowledge in the sciences and humanities[EB/OL]. https://en.unesco.org/open-access/sites/open-access/files/berlin_declaration.pdf[2021-10-08].

[29] 中国科学院. 中国科学院关于公共资助科研项目发表的论文实行开放获取的政策声明[EB/OL]. http://www.cas.cn/xw/yxdt/201405/P020140516559414259606.pdf [2020-02-13].

[30] 国务院办公厅转发科技部关于加快建立国家科技报告制度指导意见的通知[EB/OL]. http://www.gov.cn/zhengce/content/2014-09/10/content_9071.htm[2014-09-10].

[31] 平台简介[EB/OL]. https://cams-ir.imicams.ac.cn/Policy[2021-10-08].

[32] 科研产出[EB/OL]. https://caas.agriir.cn/searchBy_1_1.html[2021-10-08].

[33] Expression of interest in the large-scale implementation of open access to scholarly journals [EB/OL]. https://oa2020.org/mission/#eois [2021-10-08].

[34] 科技部 财政部关于发布国家科技资源共享服务平台优化调整名单的通知[EB/OL]. https://www.most.gov.cn/xxgk/xinxifenlei/fdzdgknr/qtwj/qtwj2019/201906/t20190610_147031.html [2021-10-08].

[35] Regular members[EB/OL]. https://worlddatasystem. Org/members/[2021-10-08].

[36] 辛一. 九省份科学数据共享平台网站建设比较研究[J].中国科技资源导刊, 2019, 51 (3): 18-23, 84.

[37] 杨行, 屈宝强, 赫运涛, 等. 世界主要国家科学数据资源共享和管理的对比分析和启示[J]. 中国科技资源导刊, 2016, 48 (6): 18-25.

[38] 化柏林, 李广建. 大数据环境下多源信息融合的理论与应用探讨[J]. 图书情报工作, 2015, 59 (16): 5-10.

[39] 乔丽. 科技信息如何为科研服务[J]. 江苏建材, 2000, (3): 36-37.

[40] 黄欣荣. 数据密集型科学发现及其哲学问题[J]. 自然辩证法研究, 2015, 31 (11): 48-54.

[41] 徐敏, 李广建. 第四范式视角下情报研究的展望[J]. 情报理论与实践, 2017, 40 (2): 7-11.

[42] 包昌火. 情报研究方法论[M]. 北京: 科学技术文献出版社, 1990.

[43] 李广建, 化柏林. 大数据分析与情报分析关系辨析[J]. 中国图书馆学报, 2014, 40(5): 14-22.

[44] 李广建, 杨林. 大数据视角下的情报研究与情报研究技术[J]. 图书与情报, 2012, (6): 1-8.

[45] 曾忠禄. 大数据分析: 方向、方法与工具[J]. 情报理论与实践, 2017, 40 (1): 1-5.

[46] 张晓林. 走向知识服务: 寻找新世纪图书情报工作的生长点[J]. 中国图书馆学报, 2000, (5): 30-35.

[47] 韩钦. 论知识服务体系基本构建框架[J]. 现代信息科技, 2019, 3 (22): 135-137.

[48] 钱力, 谢靖, 常志军, 等. 基于科技大数据的智能知识服务体系研究设计[J]. 数据分析与知识发现, 2019, 3 (1): 4-14.

[49] 钱力, 张晓林, 王茜. 基于科技文献的研究设计指纹描述框架研究[J]. 大学图书馆学报, 2015, 33 (1): 14-20.

[50] 李广建, 江信昱. 论计算型情报分析[J]. 中国图书馆学报, 2018, 44 (2): 4-16.

[51] 陈峰. 竞争情报概念及相关因素分析[J]. 图书情报知识, 2003, (1): 20-22.
[52] 包昌火. 加强竞争情报工作 提高我国企业竞争能力[J]. 中国信息导报, 1998, (11): 30-33.
[53] 王知津. 竞争情报[M]. 北京: 科学技术文献出版社, 2005.
[54] 李正中, 许蕾. 竞争情报行为的正当性与灰色信息收集方式的研究[J]. 情报学报, 2000, 19 (1): 77-81.
[55] Bose R. Competitive intelligence process and tools for intelligence analysis[J]. Industrial Management & Data Systems, 2008, 108 (4): 510-528.
[56] 李广建, 江信昱. 不同领域的情报分析及其在大数据环境下的发展[J]. 图书与情报, 2014, (5): 7-12, 19.
[57] 包昌火, 赵刚, 黄英, 等. 略论竞争情报的发展走向[J]. 情报学报, 2004, 23 (3): 352-366.
[58] 化柏林. 网络海量信息环境下的情报方法体系研究[J]. 情报理论与实践, 2012, 35 (11): 1-5.
[59] 刘高勇, 汪会玲, 吴金红. 大数据时代的竞争情报发展动向探析[J]. 图书情报知识, 2013, (2): 105-111.
[60] 黄晓斌, 钟辉新. 基于大数据的企业竞争情报系统模型构建[J]. 情报杂志, 2013, 32 (3): 37-43.
[61] 陈科文, 张祖平, 龙军. 多源信息融合关键问题、研究进展与新动向[J]. 计算机科学, 2013, 40 (8): 6-13.
[62] Naumann F, Bilke A, Bleiholder J, et al. Data fusion in three steps: resolving inconsistencies at schema-, tuple-, and value-level[J]. IEEE Data Engineering Bulletin, 2006, 29 (2): 21-31.
[63] 张金槐. 多源信息的 Bayes 融合精度鉴定方法[J]. 国防科技大学学报, 2001, (3): 93-97.
[64] Si Lei, Wang Z B, Tan C, et al. A novel approach for coal seam terrain prediction through information fusion of improved D-S evidence theory and neural network[J]. Measurement, 2014, 54: 140-151.
[65] Garcia E, Hausotte T, Amthor A. Bayes filter for dynamic coordinate measurements-accuracy improvment, data fusion and measurement uncertainty evaluation[J]. Measurement, 2013, 46 (9): 3737-3744.
[66] Lin G P, Liang J Y, Qian Y H. An information fusion approach by combining multigranulation rough sets and evidence theory[J]. Information Sciences, 2015, 314: 184-199.
[67] Safari S, Shabani F, Simon D. Multirate multisensor data fusion for linear systems using Kalman filters and a neural network[J]. Aerospace Science and Technology, 2014, 39: 465-471.
[68] Suk H I, Lee S W, Shen D G. Hierarchical feature representation and multimodal fusion with deep learning for AD/MCI diagnosis[J]. Neuroimage, 2014, 101: 569-582.
[69] 张志强. 论科技情报研究新范式[J]. 情报学报, 2012, 31 (8): 788-797.
[70] 郑彦宁, 刘志辉, 赵筱媛, 等. 基于多源信息与多元方法的产业竞争情报分析范式[J]. 情报学报, 2013, 32 (3): 228-234.
[71] Sowa J F. Principles of Semantic Networks: Exploration in the Representation of Knowledge[M].

[72] Yu Y H, Simmons R F. Truly parallel understanding of text[R]. The 8th National Conference on Artificial Intelligence, 1990.

[73] Simmons R F. Technologies for machine translation[J]. Future Generation Computer Systems, 1986, 2（2）：83-94.

[74] Simmons R F. Natural language question-answering systems: 1969[J]. Communications of the ACM, 1970, 13（1）：15-30.

[75] Brachman R J, McGuinness D L, Patel-Schneider P F, et al. "Reducing" CLASSIC to practice：knowledge representation theory meets reality[J]. Artificial Intelligence, 1999, 114: 203-237.

[76] Horrocks I. The FaCT system[R]. The International Conference on Automated Reasoning with Analytic Tableaux and Related Methods, 1998.

[77] Berners-Lee T, Hendler J, Lassila O. The semantic web: a new form of web content that is meaningful to computers will unleash a revolution of new possibilities[J]. Scientific American, 2001, 284（5）：34-43.

[78] Bizer C, Heath T, Berners-Lee T. Linked data-the story so far[J]. International Journal on Semantic Web and Information Systems, 2009, 5（3）：1-22.

[79] 漆桂林，高桓，吴天星. 知识图谱研究进展[J]. 情报工程，2017，3（1）：4-25.

[80] Your personal research assistant[EB/OL]. https://www.wizdom.ai/#researchers[2021-10-08].

[81] Driven by state-of-the-art AI research[EB/OL]. https://www.semanticscholar.org/product/api [2021-10-08].

[82] Helping researchers achieve more[EB/OL]. https://www.digital-science.com/audience/researchers/ [2021-10-08].

[83] How can intelligence support your research excellence goals?[EB/OL]. https://www.elsevier.com/research-intelligence [2021-10-08].

[84] 专题信息产品[EB/OL]. https://www.nstl.gov.cn/special_info.html [2021-10-08].

[85] 王世伟. 人工智能与图书馆的服务重塑[J]. 图书与情报，2017，（6）：6-18.

[86] 张晓林. 颠覆性变革与后图书馆时代——推动知识服务的供给侧结构性改革[J]. 中国图书馆学报，2018，44（1）：4-16.

[87] 王晓艳，李慧颖. 大数据环境下信息检索的变革[J]. 科技情报开发与经济，2015，25（4）：117-119.

[88] 官思发，朝乐门. 大数据时代信息分析的关键问题、挑战与对策[J]. 图书情报工作，2015，59（3）：12-18，34.

[89] 迈尔–舍恩伯格 V，库克耶 K. 大数据时代[M]. 盛杨燕，周涛译. 杭州：浙江人民出版社，2013.

[90] 张迎红，罗志武. 多源数据库集成系统中查询技术的研究[J]. 辽宁大学学报（自然科学版），1995，（3）：65-68.

[91] 范爱红，姜爱蓉. 基于知识管理的学术信息资源整合体系——对ISI Web of Knowledge 的

第7章 科技大数据应用案例和场景

7.1 科技大数据应用背景与现状

7.1.1 科技大数据简介

科技大数据是大数据的一个分支,随着近年来的稳步发展,其已经逐渐成为科学研究的新型动力,正在得到科技界乃至国家层面的高度重视。对于科技大数据,一个被广泛接受的理念是科学是全球性的事业,而科技大数据是全球共有的资产。各国为了发展自身的科技大数据,也相应提出了诸多计划和项目,其中包含美国的"从大数据到知识"计划、欧盟的"数据价值链战略"计划和"地平线2020"计划中的"数据驱动型创新"课题等,这些项目均着眼于从大数据中研究规律性、获取新知识的能力与技术,提倡基于大数据的科学研究范式。大数据已经影响到了各个学科乃至其下的子领域,相应地,各个领域也在陆续成立专业的大数据研究中心。为了统筹规划科学大数据的发展,许多与大数据相关的高新技术工程项目正在部署落地,与此同时与许多研究方向有密切联系的大数据实验室也得到了组建和充分的发展。由中国科学院提出的科学大数据工程计划也在逐步执行。

科学大数据具有数据密集型范式的特点,其数据不能完全被复现和确定,同时拥有巨大的维度、较高的计算分析复杂度等。可利用大量数据的相互关联关系代替传统的因果关系、理论和模型,研究数据间的相关性能够发现新的性质与规律。比如,1609年,开普勒对布拉赫关于天体运动的系数观察记录进行了深入的研究,在此过程中他发现了行星运动定律,从而著作《新天文学》得以诞生;欧洲建设的大型强子对撞机使得物理学家可以用实验的方式检验粒子物理理论中的诸多猜想,更基于此确定了一种理论中的粒子的存在性;在生物领域的研究发展中,科学大数据技术为基因组学的科学研究提供了新的方式,使生物领域的科学研究更进一步。

近代的科学发现历史证明,人类要想深入认识自然世界,离不开大科学装置与大数据技术这一重要基础。近年来,诸如超大口径球面射电望远镜、量子通信卫星、大型强子对撞机和精密科学仪器等大装置的问世,加速了基于科学大数据的科学研究的进程,为了更好地满足规模不断增大且快速发展的科学大数据的发展要求，一些高鲁棒性、高性能的平台迫切需要建立，以实现对现有数据的研究分析与应用，并做好采集潜在数据的准备。一个典型的案例是，2017年末，新卫星发射后，每天近2000万条空气污染物以及气体的观测数据被欧洲航天局获取，这些数据量早已超过了之前任务的10倍。另外，基于科学大数据的大科学设施，能够在两个月之内处理完一台传统计算机需要1200年才能处理完的影像数据。由此可见大科学装置与大数据技术的技术革新的重要性以及其给科研带来的便利与机遇。

大数据是宝贵的信息资产，大数据技术的价值不在于海量的数据本身，而在于能够科学地处理这些数据、挖掘有意义的信息的技术，在于能够适应多样、庞大并且仍在快速增长的数据的分析优化能力。换言之，如果大数据是一种产业，那么大数据科学的核心价值在于对数据进行"包装加工"，只有经过筛选与挖掘才能提取出数据的价值，实现繁杂数据的"增值"。作为广义的大数据中的一员，科技大数据泛指科技成果以及学者等之间的数据，对科技大数据的挖掘和应用对于我国科技发展有着重要的意义。

科学技术是第一生产力。由国家自然科学基金委员会资助的科研项目的数量在2012~2022年有了成倍的增长，而2007年至2022年，我国在科研领域的经济支持增长了近3倍，支出从0.4万亿元增加到1.7万亿元。在如此巨大的经济支持力度下，科技论文、发明专利等科研产出迅速增加，相应地，科研项目、科学研究者以及科研成果等数据逐渐变得海量。如何高效地整合这些多源异构的数据，如何精确、快速地评估其影响力、社会效力以及发展前景，是当下科技进一步发展面临的主要难题。

在这样的背景下，诸多具有大数据处理能力的评估方法被相关机构提出并实践，其中基于知识图谱技术的模型的效果最为突出。知识图谱技术是一种新兴的高新技术。近年来，国内外有很多关于知识图谱技术的理论成果浮现，也有较多基于知识图谱技术的项目落地。各个机构如科学技术部、国家自然科学基金委员会在应用这些项目的过程中，都取得了较好的效果。

7.1.2 科技大数据的关键技术

1. 科技大数据实体识别

科技大数据广泛地分布于Web数据中，难以手动收集如论文、专著和作者等实体的存在信息，需要利用实体识别的方法自动识别并抽取实体的存在信息。实体识别是信息抽取任务的核心，其主要目的是识别文本中的专有名称和短语，包括人名、数字以及日期等，该技术主要有基于词典、基于规则和基于统计三种不同类型的实现方法。基于词典的实体识别技术需要预先构建一个命名实体词典，出现在词典中的词汇即识别为命名实体，词典主要来自黄页、公开名单等领域的公开数据。此方法与具体语境无关，能够简单、快速地部署且只需要更新词典即可实现更新，但是需要花费较大的代价去枚举所有的命名实体名和构建以及维护词典。基于规则的实体识别技术采用人的先验知识，其规则模板由领域专业人士手动构造，将符合规则的词语识别为一个实体。其选用特征包括句子的统计信息和句子的句法特征如标点符号、关键字等，而后以模式和字符串匹配为主要方式进行识别。当设计的规则能较精确地反映语言特征时，这种方法的效果较好，但是其规则往往取决于具体的语言、领域和文本风格，同时由于需要大量的人工增加了劳动成本，该系统的建设时间较长，且因需要建立不同领域的知识库而不容易被移植。当下主流的方法是基于统计的实体识别，而其又分为两种更细致的方法：基于分类的方法将任务视作一个多分类问题，通过设计特征训练分类器的方法加以解决；基于序列模型的方法为序列标注相应的标签，而后采用 HMM（hidden Markov model，隐马尔可夫模型）、CRF（conditional random field，条件随机场）以及各种序列深度学习方法（如 LSTM）等进行训练，从而得到识别的结果。

2. 科技大数据关系抽取

与科技实体数据类似，科技大数据的关系如学者履历、论文引用以及作者和专著的著作关系也广泛且无规则地分布在 Web 数据中，需要特定的技术进行抽取，也就是科技大数据关系抽取技术。关系抽取技术是用于从文本中识别两个（或多个）实体之间存在的事实上的关系的技术，主要有三种不同类型的实现方法：基于规则的关系抽取、基于模式的关系抽取以及基于机器学习的关系抽取。基于规则的关系抽取技术首先基于人的先验知识，由领域专家根据目标关系的特点人工设定一些模式规则，然后再从文本中搜索满足前述条件的关系实例。此方法在特定领域的抽取任务中准确率比较高，但不同领域之间的差异会导致科技大数据的关系对应不同的特征，因而此方法难以移植；此外，所有需要人工构造的方法都有的通病是，离不开领域专家花费大量的劳动成本去构筑大规模的知识库，这导致这种方法的代价很大。基于模式的关系抽取技术的代表算法有双重迭代模式关系提取算法和 Snowball 算法，两者框架大致一致：首先挑选种子关系，并由此生成初始关系模式，其次基于此种子关系模式在文本中搜索新的关系，并按照某种方式计算关系的可信度，最后从中选择可信度高的关系作为新种子，按照这种方式迭代至整个算法没有新关系或模式产出。此方法适合某种特定的具体关系的抽取，如校长关系、首都关系，但是移植性差，必须为每一个具体的关系生成其自己的识别模式，并且基于字面进行匹配，没有引入更深层次的信息，如词性、句法、语义信息等。基于机器学习的关系抽取技术采用目前较流行的机器学习方法抽取关系模型，此方法首先通过带标签的语料库训练得到一个判别模型，然后利用该模型抽取自由文本中出现的关系实例。其往往将关系抽取问题变换为一个二分类或者多分类问题，而后采用基于特征或基于核函数的方式，结合基本的分类器来解决。然而这种基于人工特征的方法总是存在人为设计的缺陷，于是近期发展出了基于深度学习的关系抽取技术，如基于卷积神经网络技术学习文本语义特征，同时保持句子级别的结构信息，由于在一定程度上摆脱了对于人工特征的依赖，这种方法的表现往往更好。

3. 学者同名消歧技术

由于科技大数据的特性，相同的实体名可能指代了不同的学者实体，在科技大数据的背景下必须对此进行消歧处理，以防潜在的指代错误。要想解决实体歧义问题，需要获取实体的各种含义：首先，对不同的含义抽取其相关内容，如描述文本，并建立关键词表；其次，通过对关键词表进行语义分析，从中抽取和归并相应的概念，一个普适的例子如苹果（水果）可能对应"富士""烟台"等，而苹果（手机）可能对应"iPhone""刘海屏"等；最后得到关键词在不同语义下的隐向量，基于这个隐向量表示通过语义相似性（如余弦相似度）判断关键词究竟属于哪种语义的实体。

4. 超大规模科研成果的多维度层次标签分类

在对学者和其他科技用户进行画像构建、学术评价时，需要对其专著、科研成果进行分类，即在给定的标签体系下构建一个多层次多标签文本分类模型，从而给科研成果打上领域标签，并达到一定的准确率。问题可以抽象为超大规模标签分类问题（extreme multi-label text classification，XMC），目的是根据给定的文本，从大规模的标签集合中，选择多个标签作为文本的标签，这类问题往往标签规模非常大、每个标签的训练样本较少、每个样本的标签数量多以及文档普遍较长。目前主流的方法主要分为四类：一对多的方法将超大规模标签分类问题转化成多个二分类问题；基于嵌入的方法通过标签压缩函数以及标签解压函数，将高维的标签表征映射到较低维的连续向量空间；基于树的方法通过标签或者文本特征构建树状结构，并根据此树状结构的层次结构进行训练；基于深度学习的方法通过现有的基于深度学习的自然语言处理模型来处理超大规模标签分类问题。

7.1.3 科技大数据的典型应用场景

1. 学术动态搜索与跟踪系统

系统从科研学者、科研机构和团队院系中采用了海量的数据，同时结合多样化的信息处理手段以及知识图谱技术，形成了一个集信息跟踪、科研推荐等功能于一体的科研大数据平台。

系统的主要功能如下：在技术现状部分，系统提供研究热点、技术咨询、技术水平、相关文献、技术热力地图以及分类检索等服务；在推荐合作部分，系统提供人员推荐、机构推荐、核心人员排行、多维度推荐、团队院系推荐以及成果推荐等服务；在图谱追踪部分，系统提供图谱展示、人员或机构关系挖掘、关系跟踪、图谱交互拓展、图谱多维度筛选和图谱下载等服务。此外，系统还支持兴趣推荐、语义搜索、多维度统计、分析报告、知识标注和审核以及知识编辑等功能。

下面从技术层面介绍系统的一些主要功能。研究热点是指热点研究方向识别及趋势分析、热点人员推荐：重点针对论文、专利中的标题、摘要和关键字内容，基于文本聚类、NER（named entity recognition，命名实体识别）等技术，得出对应年限区间的热词，直观地与中心的研究热点进行对比。技术水平是指技术指标提取及趋势分析：首先筛选标签关联的国内外顶级会议和核心期刊的论文成果，其次过滤摘要中带有数值的文章，最后针对相似文章进行聚类。技术咨询是指关于此技术的资讯文章搜索：系统采用百度高级搜索中的站内搜索，运用关键词匹配与标签描述进行匹配，筛选出高新企业链接地址作为匹配结果。相关文献是指对相应文献分类、展示并进行排序以及对相似文章进行聚合：其基于关键词匹配技术进行默认排序，而后按照三类影响因子或所属库类型进行筛选，范围包括论文、专利和项目数据。技术热力地图是指技术领域成果科研力量地图的展示：系统基于成果中的机构对应的地理位置信息，按照成果的数量展示不同的颜色深度。人员推荐和团队院系推荐是指综合实例分析及推荐：其默认根据综合实力值排序，但也支持不同影响因子和地域筛选，并且能够导出相应的分析报告。

2. 产业人才服务系统

采用科技专家群体的统计分析算法与个体学者定位绘制人才地图，并从战略新兴产业、研究领域、地域（全国、省、市、区）等多个维度进行筛选及可视化展示，辅助政府分析某一地区产业和领域的人才分布、科技热点、科研机构排行、科技人才热度以及邻近省市的人才分布，有利于加强地区产业布局统筹，破解产业、领域、地域的人才信息不对称。

该系统解决了科技人才与产业需求不一致导致的诸多问题。第一个问题是领域广泛，即科技领域研究发展方向众多，科技人才各有所长，需要建立统一的学科与产业分类及标签体系。针对此问题，该系统实现了领域层次体系与分层标签库的自动构建与归纳和网罗领域关键技术点的目标。第二个问题是数据的多源性，专家信息可能来自百科、个人主页或者网页文本，数据来源广，形式各异，需要进行结构化抽取、处理与融合。为了满足动态扩充人才库的需求,该系统采集多源数据,抽取融合专家信息并网罗领域专家的关键技术点,构建了动态专家库。第三个问题是相关数据检索困难。人才检索的需求是实际的,但专家的能力是难以量化描述的,需要为多样化的检索需求匹配最合适的人才。针对此问题,该系统结合学科与产业标签,利用智能问答技术高效精准地检索科技专家,实现了高效准确的人才推荐。

由于吸收了海量的科技大数据,该系统具有以下三大优势。强大的数据支持:该系统有亿级科研大数据作为数据分析基础,数据更新迅速。丰富的数据体验:该系统能提供产业、领域和空间三大维度的分析以及人才分布、人才机构排行、科技人才热度、科技热点和邻近省市人才对比六大模块的服务。个性化定制服务:该系统可根据需求,对可选内容自由组合,满足了个性化的需求。

7.1.4 国家对于科技大数据的发展建议

大数据在全球范围内蓬勃发展,我国正在实施国家大数据战略,科学大数据已成为大数据国家战略的重要组成部分[1]。在习近平同志对实施国家大数据战略提出更高要求的大背景下,国务院办公厅2018年4月发布了《科学数据管理办法》[1]。目前,我国的计算机用户数全球第一,互联网用户数全球第一,移动互联网用户数全球第一,我国拥有的数据量未来几年有可能达到全球总数据量的20%,我国发表的大数据论文数目前国际排名第二,从这个数据上看,我国迎来了发展科学大数据的重要的历史机遇。为了更高质量地加速科学大数据发展的进程,我们根据国务院办公厅2018年4月发布的《科学数据管理办法》提出以下四点建议:要从科学的角度认知大数据世界中科学大数据的定义、建设与科学大数据密切相关的国家重大基础设施、建立国家级的以大数据研究为核心的科学研究中心、发起以科学大数据为核心理念的国家论坛和国际联盟。

7.1.5 科技大数据的未来趋势

根据大数据应用自身的价值深度,诸多大数据应用主要可以分为三个层次。第一层是描述性分析应用。这类应用主要从海量的数据中抽取信息以及学习事物的发展过程和规律,用于将抽象的数据转换为具体的规律的表述,便于人们理解事情的发展历程。第二层是预测性分析应用。这类应用是指从海量的数据中学习事物之间的相互联系以及发展规律等,并按照这种方式分析出结果,预测事物未来的发展趋势。第三层是指导性分析应用。这类应用首先分析事物自身的发展历程,而后学习事物的相互联系以及发展规律,在此基础上进一步考虑不同决策带来的不同效益,并依此指导人们进行关键决策。

一个广泛被接受的事实是,人们做出一个决策的流程通常是:首先是认识事物自身的发展规律,其次是基于事物间的相互关系预测事物的发展趋势,最后才是根据预测结果进行决策的制定。这样的流程正好对应了大数据应用的不同层次。人们的终极目标是计算机能够更好地辅佐人们做出正确的决策,即更多的应用是指导性分析应用,然而在当前大数据应用的实践中,更多的应用是描述性分析应用和预测性分析应用,偏向于描述事物本身的发展规律和预测一些未来的发展趋势,而能够指导决策制定、具有更深入价值的指导性分析应用较少。这一方面是因为当前大数据应用中广泛应用的神经网络技术仍然存在一些泛用性问题,从而导致某些任务的效果不尽如人意;另一方面是因为神经网络技术的可解释性较差,在与人类生命、财产、发展和安全紧密关联的领域中不能全盘信任算法的结果,也不敢把这些任务交给计算机去制定决策。这样的现状意味着现阶段的大数据应用整体上与我们的期望还有一定的距离,随着未来相应技术的逐渐成熟以及整个产业的发展,具有更深入价值的指导性分析应用将是大数据应用发展的重点。

为了将科技大数据的应用从描述性推进到更深的层次,科技大数据立体精准分类用户画像的构建与精准服务等是亟须解决的关键科学问题,面向分类用户个性化需求的科技大数据精准服务技术是当前开展体系化理论研究的方向。当前亟须在多维多尺度精准产学研分类用户画像构建、高可信精准服务与快速搜索等方面取得创新性成果,形成开放协同的创新服务模式,为提升企业自主创新能力提供坚实的理论基础与支撑。

目前需要突破知识图谱驱动的高可信用户画像、精准推荐与搜索服务等关键技术,形成典型科技大数据服务平台,探索形成科技大数据开放协同的创新服务模式,它们均具有显著的技术价值。这些研究成果将主要用于中小微企业技术协同创新过程中成果价值的评估与认定,提升科技成果的转化率。

党的十八届五中全会将大数据上升为国家战略[1]。回顾这些年的进步,我们总结我国大数据发展为:"进步长足,基础渐厚;喧嚣已逝,理性回归;成果丰硕,短板仍在;势头强劲,前景光明。"作为广义的大数据中的一员,我国科技大数据及其相关应用的发展也是挑战与机遇并存,未来可期。

7.2 个人科技大数据应用案例

7.1节已经介绍了以数据驱动的科技大数据技术的一些国内外研究成果。科技大数据应用作为科技资源整合和利用过程中面临的难点课题,是目前国内外学者、企业和政府关注与研究的重点。得益于相关学术出版物、会议、期刊、专利和科技媒体等资源的积累,科技大数据的数据不断丰富,其技术体系也不断成熟,相关研究成果在实际应用中取得了良好的效果,受到了社会各界的广泛关注。

本节主要以某大数据平台(以下简称平台 A)"基于科技用户的精准用户画像"为例,从数据的整理与介绍、数据的处理与挖掘、技术方案以及应用与效益等方面进行介绍,使读者深入体会科技大数据从数据收集处理到具体应用的流程,学习科技大数据的实际应用案例。

7.2.1 数据的整理与介绍

1. 科技搜索关键词

整理科技相关的搜索关键词种子,并通过爬取科技相关的网站采用 NLP (natural language processing,自然语言处理)进行关键词扩展,从而得到科技用户的搜索关键词列表。部分关键词为:CSDN[①];博客园;开源中国;中关村在线;GitHub Popular;码云;编程;36 氪;爱范儿;IT 之家;快科技;智能推荐算法;算法;人工智能;深度学习;机器学习;神经网络;科创论坛;代码库;程序员;编程语言;云计算;大数据;数据深度挖掘;无监督学习;数据库技术;物联网;机器人;机器之心;软件开发;网络信息安全;数字媒体技术;计算机科学与技术;操作系统技术;极客公园;C/C++;Pascal;Fortran;Java;面向对象的程序语言;自动驾驶;语言助手;生物识别;5G 网络;网络基站;VR/虚拟现实;次时代显示技术;区块链技术;高温超导材料;屠呦呦;青蒿素;数字化社区;云端量子计算;DNA(deoxyribonucleic acid,脱氧核糖核酸)存储技术;中国国际信息通信展览会;线上支付;数码;新媒体;共享单车;NASA(National Aeronautics and Space Administration,美国国家航空航天局);生物技术;新能源;可再生;可循环;信息时代;折叠屏;新零售;大安全;面部识别;全屏幕;新能源汽车;架构;工程效率;前端技术;实时技术;演化式架构;云原生;金融科技;前端工程化;智能运维;软件定义的基础设施;大数据架构;以云为始的工程效率实战;混沌工程;用户增长;下一代计算技术;后 Java 时代;业务中台化演进;Google I/O 大会;JVM;业务中台化演进;人工智能应用与实践;自然语言处理;智能搜索;微服务架构演进;Service Mesh 技术;移动新生态;产品的技术架构设计;高频交易系统设计;图数据库;B 端服务质量保障实践;智能+;基因编辑;智能化磁浮轨排;航天科工光量子技术及应用。

2. 科技相关网站社区和 APP

整理科技爱好者喜欢安装或者使用的 APP 以及其喜爱的网络社区,主要包括:

---

① CSDN(Chinese Software Developer Network,中国开发者网络)是中国专业 IT 社区。

在 1999 年搭建的专业 IT 社区 CSDN,该社区能够方便中国软件开发者的知识传播、在线学习;在 2004 年 1 月创建的博客园是一个面向网络开发者和程序员的知识分享社区;在 2008 年搭建的开源中国平台目前已发展为规模最大的开源技术社区,现已拥有超过 200 万会员,集成了开源软件库、代码分享、讨论区和博客等几大频道的内容,为开发者提供了一个发现、使用及交流开源技术的平台;科创在线(科创论坛)是以科技兴趣活动和学生学术科技活动为主要内容的互动社区,同时也是科技爱好者的社交网络;吾爱破解论坛致力于软件安全与病毒分析,其丰富的技术版块和资源相得益彰,这个论坛深受软件加密、解密及反病毒爱好者的喜爱,并由他们共同维护;雷锋网专注于移动互联网与智能硬件的发展,在互联网业务上为用户提供关于万维网、硬件前沿新闻以及软硬件结合开发技术的热门资讯和行业专业经验分享,雷锋网努力做好移动互联网的三个代表——代表移动互联网未来的发展方向,代表移动互联网的颠覆创新思潮,代表移动互联网创业者和从业者的利益;虎嗅网是一个聚合优质创新信息与人群的新媒体平台,也是用户可参与的商业资讯与观点交流平台,该平台专注于贡献原创、深度、犀利优质的商业资讯,围绕创新创业的观点进行剖析与交流;钛媒体,又名 TMTpost,是 TMT(分别代表科学技术、多媒体技术、通信技术)领域国内最大的社交入口和分享平台,它从最初的国内 TMT 公司人社群媒体,最有钛度的一人一媒体平台,逐渐发展为中国广为人知的财经科技信息服务提供商;亿欧网是亿欧旗下的一个全面的学习平台,它专注于将新科技、新理念与产业相结合,以科技和产业的融合为中心,便于广大互联网创业者和产业创新者进行全面的学习;爱范儿是以发现创新价值为核心的科技媒体,是 MobileMonday 广州授权组织者,成立于 2008 年 10 月,它主要关注移动互联网和创业团队的前沿资讯,对互联网生态、人工智能家居和物联网产品及其相关应用有着丰厚的知识储备和深入的理解,致力于将原创报道和分析评论做到"独立,前瞻,深入",让用户了解到大量的第一手 TMT 新闻;镁客网成立于 2015 年,镁客网关注新兴创新的硬科技领域,以科技媒体为核心,致力于打造硬科技领域的产业服务平台;极客公园成立于 2010 年,总部位于北京,是一个创业社区,极客公园聚焦互联网领域,跟踪最新的科技动态,关注极具创新精神的科技产品;砍柴网创立于 2013 年,是一家追求最前沿科技的媒体,砍柴网始终以观点独到、理念全面深入、内容有料有趣为核心,在科技与人文两者之间挖掘商业新价值,坚持从人文的视角出发进一步解读科技,用专业的精神剖析时代,孜孜不倦地探索科技与商业的未来;机器之心是国内领先的前沿科技媒体和产业服务平台,其关注人工智能、机器人和神经认知科学,坚持为从业者提供高质量的内容和多项产业服务;IT 发烧友(IT 爱好者)是一个关注科技、智能和未来的 IT 科技媒体,其内容涵盖人工智能、智能硬件、机器人、智能驾驶、ARVR[①]、网络安全、物联网、未来医疗、金融科技等九大领域；ChinaUnix.net（简称 CU）是一个著名的开源技术社区网站，便于软件开发人员交流与 Linux/Unix 相关的操作系统、软件开发，以及网络应用和数据库等内容；W3School 是因特网上最大的 Web 开发者资源，其中包括领先的 Web 技术教程，让广大开发者能够找到其所需要的所有网站建设教程，此外，W3School 还集成了完整的网站技术参考手册和在线实例测试工具，而且其快捷易懂的学习方式让开发者能够快速获取其需要的任何知识。

3. DBLP 数据集

DBLP 数据集包含 500 多万份计算机领域出版物的题目、时间、作者、发表类型及期刊或会议名称等信息，包含作者 260 多万位。

DBLP 数据集的字段为 ID、题目、发表年份、作者列表、出版物类型、引用列表、其他信息，详细的字段介绍如表 7-1 所示。

表 7-1　中国 DBLP 数据集字段介绍

数据字段	字段说明
ID	出版物唯一标示
题目	出版物题目
发表年份	出版物出版年份，范围为 1936 年至今
作者列表	作者之间用逗号隔开，若无作者信息则为字符串 NULL
出版物类型	为 article、inproceedings、proceedings、book、incollection 之一
引用列表	文章的引用列表，对应的值为出版物 ID；引用之间用逗号隔开；若无引用信息则为字符串 NULL
其他信息	最多有 publisher、journal、booktitle、crossref 四个字段的信息，publisher/journal/ booktitle 字段记录出版商/期刊/收录文章的书本名称；crossref 字段记录收录文章的出版物 ID

7.2.2　数据的处理与挖掘

1. 用户画像体系初步构建

通过整理科技相关的搜索关键词种子及爬取科技相关的网站采用 NLP 进行关键词扩展，从而得到科技用户的搜索关键词列表，整理科技爱好者喜欢安装或者使用的 APP。

依托平台 A 自有产品设计和开发 SDK（software development kit，软件开发工具包）数据采集，遵循用户隐私保护条约采集科技爱好者的行为数据，基于 APP 使用以及关键词匹配挖掘科技爱好者。根据先验知识，依托领域专家手动设计的

[①] AR 指增强现实，augmented reality；VR 指虚拟现实，virtual reality。

科技爱好者的标签体系，挖掘每个科技爱好者的标签，为后续用户的分类及细化标签打下了坚实的数据基础。

2. 用户标签初步挖掘

通过对科技爱好者在科技方面的偏好的粗略洞察，构建科技相关的 APP 及科技搜索关键词的用户分布词云图，了解科技用户在科技大数据上主要关注的 APP 网站及搜索内容，为后续标签的精细化设计打下重要的基础。

根据科技爱好者的标签设计，初步挖掘近 500 万名科技爱好者，并设计和挖掘科技爱好者的标签，为后续用户的类别定义及各类别下的精细化标签打下基础。用户的标签主要如下。

（1）行为和兴趣：挖掘每个科技爱好者的网络习惯、运营商、房产、旅游、教育培训、购物兴趣等。

（2）APP 行为：挖掘每个科技爱好者在 APP 使用方面的偏好。

（3）地域行为：在不同地域用户偏好不同的基础上，挖掘每个科技爱好者的常驻地，以此作为用户的地域标签。

（4）人口统计：挖掘每个科技爱好者的性别、收入、年龄、婚恋状态等人口属性。

（5）电商行业：挖掘用户的细分购物兴趣。

（6）汽车、服饰箱包、个护化妆：提供用户在对应垂直领域的详细匹配情况。

3. 基于文本数据的行业知识库构建及基于行业知识库模糊匹配的行业标签挖掘方法

"读写说"真实用户行为数据，具体包括用户在手机端的 APP 安装和 APP 活跃数据，用户通过语音助手采集的语音数据实时上传到语音云，用户通过输入法在跨场景下输入的文本、语音数据，经过脱敏化处理后，采用语音文本转写技术，形成基于文本数据的行业知识库。通过基于 APP 及关键词的模糊分类匹配算法，挖掘行业标签，并通过机器学习及 NLP 技术进行建模，从而进行精细化标签挖掘。

针对科技用户，基于输入文本（语音转写/手写）进行行业关键词模糊匹配挖掘行业标签，输入文本分词，经过单词 IDF 过滤，结合行业关键词进行精准匹配和模糊匹配，同时，利用 Word2Vec 算法扩展关键词词表，得到最终的行业标签预测结果。

7.2.3 技术方案

本节我们主要介绍平台 A 所采用的技术方案，从两个方面来介绍：平台框架方案和用户画像建模算法方案。

1. 平台框架方案

平台 A 是集合了科技资源收集、存储、检索功能的科技大数据服务平台,现有的科技服务平台往往基于关键字检索,不能充分挖掘用户与资源之间的联系与差异,提供个性化的检索结果。从技术架构的角度,科技大数据服务平台 A 可以划分为四个层次:基础设施层、数据层、服务层和应用层,具体见图 7-1。

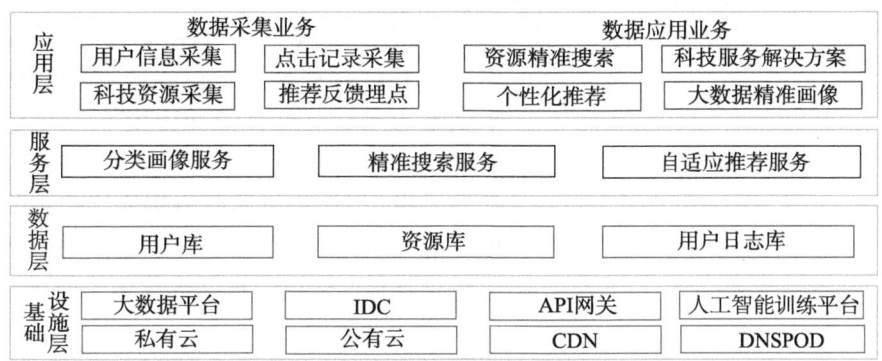

图 7-1 科技大数据服务平台 A 的中台架构

IDC 是互联网数据中心, internet data center; CDN 是内容分发网络, content delivery network; DNSPOD 是域名解析服务器

(1) 基础设施层:负责从各种不同的线上场景采集数据,对于不同的数据源,采用不同的采集方法。对于存储在业务系统中的数据,采用批量采集的方法,一次性导入到平台 A 的大数据存储系统中;对于各类终端产生的实时数据,采用流采集的方式,动态地添加到大数据存储系统中或者直接发送到流处理系统进行处理分析。

(2) 数据层:用于存储和管理平台 A 的科技资源数据。原始数据存放在分布式文件系统(hadoop distributed file system,HDFS)中,为了方便对大数据进行访问和管理,平台 A 采用非关系型数据库对数据进行组织和管理,针对不同的数据形式和处理要求,选用不同的非关系型数据库。

(3) 服务层:负责平台 A 的数据处理和分析工作。对于静态的批量数据,采用批处理引擎(如 MapReduce 引擎),而对于动态的流式数据,采用流处理引擎(如 Storm 引擎)。通过使用分布式的 ElasticSearch 作为检索查询服务器,提供高可用、高效率、近实时的检索能力,进一步加快检索速度;基于采集的用户信息,我们构建了基于知识图谱的用户画像系统,以完成基于用户画像的检索服务画像任务,用 Neo4j 能够快速地提供实体属性检索、关系发现与关系检索功能,提供分类画像服务、精准搜索服务和自适应推荐服务。

(4) 应用层:根据不同的上层用户需求,封装平台 A 的各种大数据处理和分析功能,并对外提供服务,场景的数据服务包括数据的采集、可视化、数据查询分析、数据统计分析等。

2. 用户画像建模算法方案

1)基于结构的知识表示学习

平台 A 所采取的技术方案是基于结构的知识表示学习,产出的用户画像是向量空间的一个向量,表示学习的核心思想即挖掘数据的关键性特征,通过设计映射函数将能够充分表征原始数据的信息用一个低维的向量来表示,知识图谱的表示学习即将知识图谱构建成一个(头实体,关系,尾实体)的三元组,通过目标函数将实体和关系分别用低维的向量来表示。为了便于在低维语义空间中进行计算、解决用户标签稀疏的问题,采用表示学习将要描述的对象表示为低维稠密向量。将知识图谱中的三元组(h,r,t)映射为向量,并利用 SGD(stochastic gradient descent,随机梯度下降)对各个实体和关系的向量进行梯度更新,学习目标为$h+r=t$,示例如图 7-2 所示。

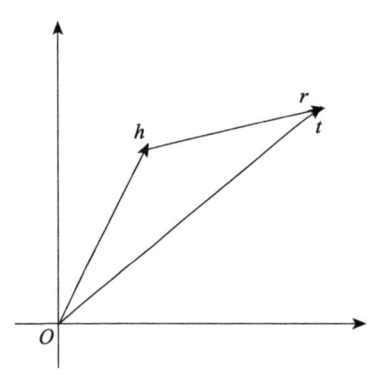

图 7-2 基于结构的知识表示学习的学习目标

2)用户画像建模框架

Trans 方法主要有 TransE、TransH、TransR、CtransR、TransD、TransA 以及 TransG 等,均采用同样的函数思想,即$|h+r| \approx t$,其中,h、t分别表示所构建的知识图谱中头部实体和尾部实体的向量表示,r表示预设关系的向量表示。以 TransE 为例,该算法是早期知识图谱表示学习的典型算法,该算法设计的动机源于作者对于知识库的分层认知和自然传递表示的认识。该算法认为知识图谱中的实体和关系是一层一层地进行组织的,同时实体可以通过某种传递方式得到其他实体的信息,从而对实体进行表示。同时,2013 年有研究员提出了词向量的概念,并在文本数据上取得了很大的进步,词向量就是在语料文档的词向量空间中寻找相同性质的词,即 $C(king) - C(queen) \approx C(man) - C(woman)$。又有公理表明词向量空间中的传递存在不变性。受到这两点的启发,相关学者提出了 TransE 算法。具体见图 7-3。

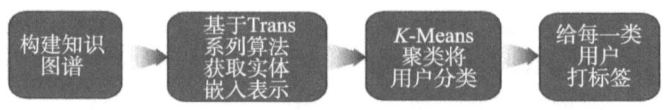

图 7-3 用户画像建模框架

平台 A 所采用的 Trans 系列算法的大致流程如下：按某种概率分布随机对正确三元组 (h,r,t) 中的任一向量进行替换，形成负样本 (h',r',t')。

计算损失函数如下：

$$L = \sum_{(h,r,t)\in\Delta}\sum_{(h',r',t')\in\Delta'} \max(f_r(h,t)+\gamma-f_{r'}(h',t'),0) \qquad (7\text{-}1)$$

$$f_r(h,t) = \|h+r-t\|_{L_1/L_2} \qquad (7\text{-}2)$$

其中，h 和 t 为头部实体和尾部实体的向量表示；r 为预设关系的向量表示；h'、t'、r' 为对应的负样本表示；γ 为超参数，一般设置为 1；L_1 和 L_2 为范数。

计算出损失函数后，根据损失函数和 SGD 算法更新实体和关系的隐向量表示。

3）基于知识图谱的用户画像构建

知识图谱是由谷歌公司在 2012 年提出的一个新的概念，其目的是提升搜索引擎返回的答案的正确率和覆盖面，同时提高用户查询的速度，谷歌于 2012 年 5 月 16 日发布了知识图谱。有知识图谱作为辅助，搜索引擎能够洞察用户查询背后的语义信息，返回更为精准、结构化的信息，更大可能地满足用户的查询需求。谷歌知识图谱的宣传语 "things not strings"①给出了知识图谱的核心，即电脑不需要返回无意义的字符串，而是要获取字符串背后隐含的实体或事件，让计算机尝试去理解字符串的含义。它是一种将应用数学、图形学、信息可视化技术、信息科学等学科的理论与方法和计量学引文分析、共现分析等方法相结合，并利用可视化的图谱形象地展示学科的核心结构、发展历史、前沿领域以及整体知识架构达到多学科融合目的的现代理论。从学术的角度，知识图谱本质上是语义网络（semantic network）的知识库；从实际应用的角度看，知识图谱可以简化为一种包含了多种关系的图。详情参见图 7-4。

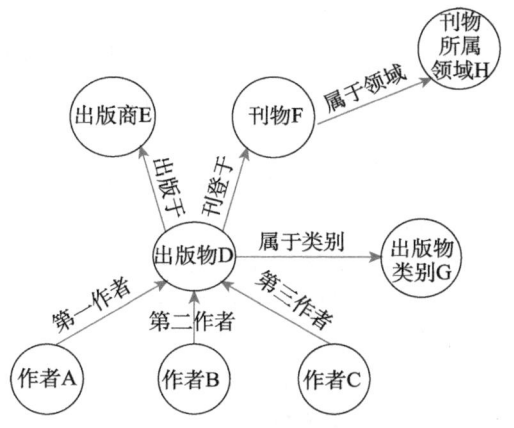

图 7-4　作者、出版物、期刊知识图谱构建

---

① "things not strings" 的含义是：用户输入的关键词，其本质的含义是真实世界的实体，而非抽象的字符串。

用户画像是将用户信息标签化，企业通过收集与分析消费者的社会属性、生活习惯、行为特征等主要信息，抽象出用户的商业全貌。传统的用户画像需要人为设计一系列的标签，并利用问卷等形式给用户打上标签，存在"不够完整、不够准确"的问题。不够完整是指数据来源偏差或者冷启动等方面的原因，导致构造的用户画像不能精准刻画用户的特征；不够准确是指机器无法精确地理解现有的粒度过细的用户标签。

平台 A 为了对科技用户形成精细的刻画、实现个性化用户需求的精准分类，研究了关于知识图谱的用户画像构建技术，定义了作者、出版物、刊物、刊物出版商等实体，并且定义了刊物、作者、出版物等之间的关系，形成了基于数据的知识图谱，使用图嵌入方法（可结合外部知识图谱信息）学习各个实体的嵌入表示，最终利用无监督的方式对用户进行聚类，并考虑聚类结果的可解释性，形成了科技用户类别标签体系。基于之前构建的类别标签体系，进行用户分类预测，对于新用户，利用其交互数据，在用户标签初步挖掘的基础上构建用户画像并预测用户所属的类别。然后根据数据挖掘和数据建模的结果，挖掘数据价值，获取科技资源数据与用户知识图谱之间的关系，完成科技用户画像的精准刻画，为用户提供个性化的画像服务。

此外，平台 A 还研究了基于社交图谱（可以看作知识图谱的一种特例）的标签扩展技术、基于知识图谱的标签扩展技术以及基于知识图谱的标签泛化技术。

（1）平台 A 使用了基于社交图谱的标签扩展技术。传统的用户画像由于隐私问题以及用户自身展示性的不同，会存在标签稀疏的问题，可以利用知识图谱进行知识补全。最简单有效的方法就是基于社交图谱的标签扩展（标签传播）。平台 A 首先构造社交网络，利用数据初始化每个用户的基本标签，而后采用 PageRank 等标签传播算法在社交网络上迭代至收敛。按此过程可以推断一些不具备标签或者具备很少标签的用户的一些潜在的标签，从而让用户标签变得更稠密，用户画像更丰满。

（2）平台 A 还研究使用了基于知识图谱的标签扩展技术，该技术利用数据先粗略构造出用户已知的所有标签，而后利用一个较特殊的语义网应用 DBpedia 构建实体概念关联网络。此知识图谱采用了信息抽取的技术，所需的结构化数据全部采集自维基百科和其他百科网站的词条；而后采用随机游走的算法，从实体出发，根据游走到不同概念的概率确定用户潜在标签，扩大了用户的描述范围，丰富了用户画像，从而拥有足够的标签类型数据将用户分为不同的类别。

（3）平台 A 还利用基于知识图谱的标签泛化技术，将上述问题建模为"用一些含义相对丰富、粒度相对细的概念去整合用户的标签"。其中既要保证选出来的概念包含了尽可能多的用户标签，又要保证这些概念的粒度足够细致不至于造成歧义。为了解决这些问题，平台 A 采用信息论中最小描述长度（minimum description length，MDL）理论，即对于变量 x，若其分布满足 $P(x)$，则存在一种编码，其长度 $L(x) = -\log(P(x))$。平台 A 将问题重新描述为以下函数的优化问题：$CL(X,C) = L(C) + L(X|C)$，X 和 C 分别表示原始标签数据和泛化后的标签数据，$L(*)$ 是 MDL 中定义的编码长度，并引入了外部知识库 probase 用于计算相应的概率。实验中，在第一部分标签扩展工作的基础上，算法能够成功概括用户的泛化标签。

7.2.4 应用与效益

前文中我们已经详细地介绍了基于知识图谱的用户画像构建和用户画像建模技术的一系列细节，本节我们将继续介绍基于前期科技用户的精准用户画像的一系列应用：基于用户画像可视化、用户画像的搜索、用户画像的推荐等应用，下文将介绍平台 A 科技用户的精准用户画像及其应用产生的一系列效益。

1. 应用

平台 A 通过前期对于多维度多尺度分类用户的立体精准画像，开发了用户画像可视化模块，支持对科技用户的科研关系知识图谱的显示，见图 7-5。同时，平台 A 也支持对科技用户相关科研统计信息的显示。

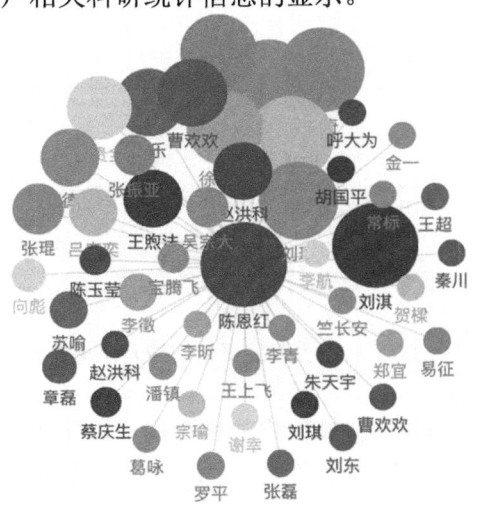

图 7-5 科技用户的科研关系知识图谱

同时，平台 A 基于前期的精准用户，开发和应用了基于用户画像的搜索模块，该模块支持对于多种科技资源的检索，其中包括：出版物、作者、会议、期刊、专利、博客等，详见图 7-6。同时可以选择需要展示的出版物，并根据相关内容进行检索排序，详见图 7-7。

图 7-6　科技大数据平台的搜索页面

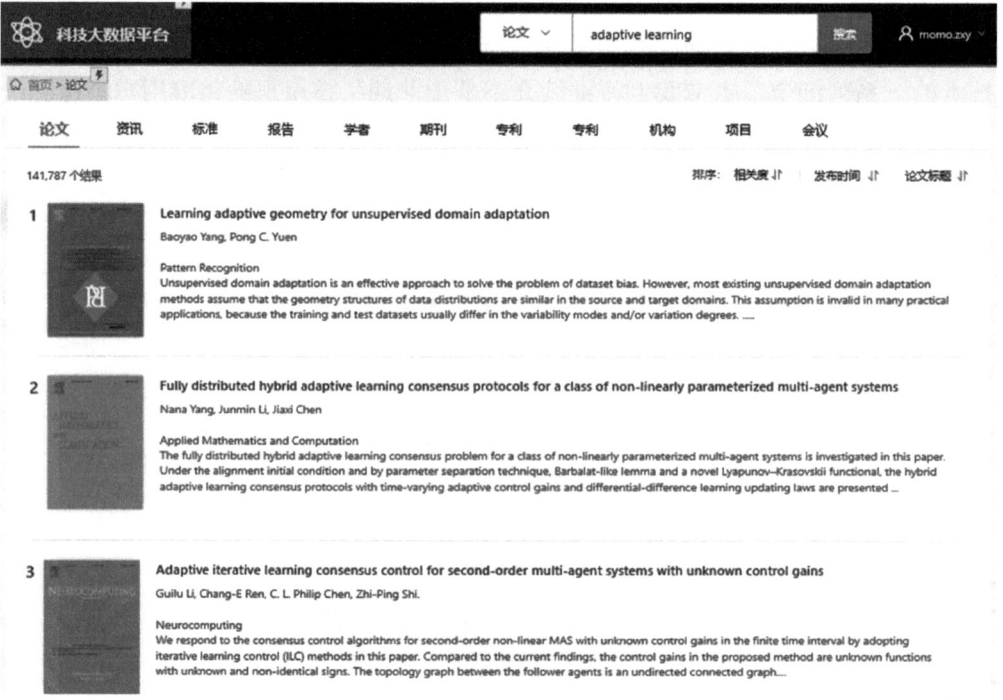

图 7-7　科技大数据平台的搜索结果页面

除此以外，基于前期对于科技用户的精准用户画像工作，平台 A 还开发和部署、应用了基于精准用户画像的推荐模块。该模块支持对于多种科技资源的推荐，其中包括对于论文、专利、项目等的推荐，详见图 7-8。同时，该平台还开发了基于科技用户相似度的推荐，实现了相关用户的推送，从而进一步促进和孵化科研合作。

2. 效益

在 21 世纪这样一个大数据时代，大量的传统互联网企业在尽力进行互联网转

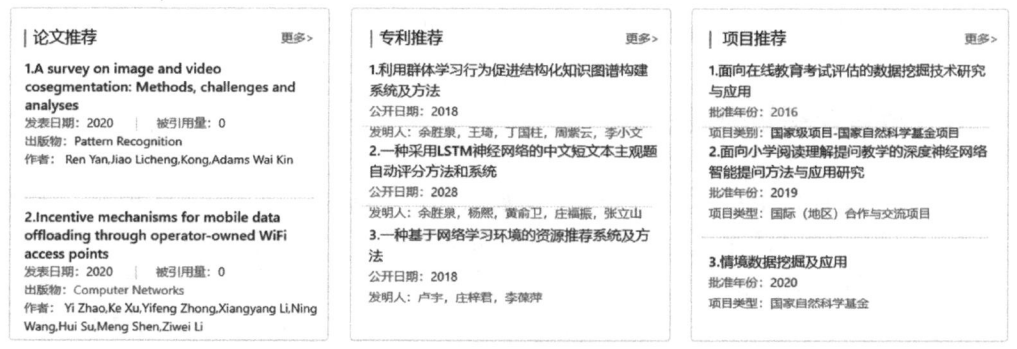

图 7-8 对于多种科技资源的推荐

型,这种转型过程的首要工作就是建立企业自身的用户画像。平台 A 构建用户画像,是为了实现科技资源的精准营销、增加科技资源的流通性,从而进行产品改进、提高科技产品利用率,因此明确用户画像的目标是构建用户画像的第一步,也是设计标签体系和技术选型的基础。

平台 A 在多维度多尺度精准的产学研分类用户画像构建、高可信度用户数据生成、用户画像活化模型实时更新等方面取得了创新性成果,并且为该公司带来了巨大的科技用户流量,并因此产生了一系列收益。

为了对科技用户形成精细的刻画、实现个性化用户需求的精准分类,平台 A 研究了基于知识图谱的标签扩展技术以及基于知识图谱的标签泛化技术。平台 A 突破了知识图谱驱动的高可信用户画像等关键技术,是典型的科技大数据服务平台。平台 A 的研究成果主要服务于重要互联网企业和中小微企业技术协同创新,同时为科技知识查询、产学研用协同和国家科技战略咨询提供理论方法和技术支撑,平台 A 的基于科技用户的精准用户画像已经取得了巨大的社会效益和经济效益。

7.3 企业科技大数据应用案例

7.1 节已经介绍了以数据驱动的科技大数据技术的一些国内外研究成果。科技大数据应用作为科技资源整合和利用过程中面临的难点课题,是目前国内外学者、企业和政府关注与研究的重点。得益于相关学术出版物、会议、期刊、专利和科技媒体等资源的积累,科技大数据的数据不断丰富,技术体系不断成熟,相关研究成果也在实际应用中取得了良好的效果,受到了社会各界的广泛关注。

本节主要以某科技领域大数据平台(以下简称平台 B)"大规模科技知识图谱引擎"为例,从背景介绍与研发目标、技术挑战、数据积累、数据的处理与挖掘、相关应用和总结与展望等方面来进行介绍,帮助读者深入体会科技大数据从数据收集、处理到具体应用的流程，学习科技大数据应用于企业上的案例。

7.3.1 背景介绍与研发目标

智库（think tank）：又称思想库、智囊集团，是以公共政策为研究对象，以影响政府决策为研究目标，以公共利益为研究导向，以社会责任为研究准则的专业咨询机构。新型智库是传统智库的升级版本，以海量数据为主、人工为辅，借助知识图谱、机器阅读理解等人工智能算法对大量文档进行知识抽取、分析、研判和报告，从而自动生成新型智能专业咨询机构。国家战略层面，《关于加强中国特色新型智库建设的意见》明确提出"建设高水平科技创新智库""研究国内外科技发展趋势，提出咨询建议，开展科学评估，进行预测预判"。国外的科研机构对这方面也有相应的部署规划：仅 2020 年，美国国家自然科学基金委员会就投入了超过 7000 万美元；欧盟的第八研发框架计划 H2020 中有 6 项关于科技情报的分析，共 21 项科学领域项目；2020 年 *Nature* 和 *Science* 杂志中有 14 篇关于科技大数据挖掘的论文；多个顶尖学术研究机构（麻省理工学院、哈佛大学、康奈尔大学、芝加哥大学等）建立了相关团队进行专业科研。

在这样的背景下，平台 B 考虑了如何构建大数据环境下基于知识图谱与阅读理解等人工智能算法的新型科技智库系统，面向科技管理部门的科学决策，提供智能辅助支撑，发布科技创新人才、机构等方面的专业咨询报告。其目标是科技精准评价，知识产生价值。其主要提供的服务内容为整合科技人才、机构、知识与成果等亿级科研大数据，形成千万级科技知识图谱人工智能引擎，打造以科研人员为核心的垂直社交平台，为科研、企业、产业等提供精准化服务（科技评价服务、科技成果转化、科技社交服务）。

7.3.2 技术挑战

为了形成国内规模最大、精准度最高的千万级科研学者动态知识图谱人工智能引擎，平台 B 主要解决了以下三个技术问题。

（1）知识碎片化、多源异构，知识采集与获取难度大。

（2）知识网络结构复杂、动态演化，挖掘有价值的知识和隐含知识的难度大。

（3）图谱规模大、数据多维，从知识到服务存在海量数据计算与匹配的问题。

最终，平台 B 形成了以下的整体流程：首先利用科技知识的动态分布式采集完成知识获取的工作；其次利用动态图谱与知识推理结合关联挖掘的技术实现知识挖掘；最后利用快速算法提供从知识到服务的智能分析服务。

7.3.3 数据积累

平台 B 的实现依赖于海量的科技大数据的采集。为实现该目标，平台 B 首先预定义了各个科技实体以及多样的实体间的关系。其中基本科技实体包括学术期刊、会议论文、中文期刊、专利数据、标准、科研项目、科研人员、科研机构、科研成果以及科技大数据集等。平台 B 在此基础上定义了主要科技实体的关系源数据，为主要科技实体的其他属性信息进行维护以及更新，其中包括民族、国际、职称、学位等信息。

表 7-2 展示了平台 B 至 2022 年的数据积累情况。平台 B 的科技大数据覆盖率达到了 95%，涵盖全球中英文论文，并能按月更新；除此之外，其数据匹配准确度在 90% 以上，并且能够实时采集全国高校和院所的科研人员信息。

表 7-2 数据积累示意表

资源类型	种类	数量	更新频率
学术期刊	24 000 余种（英文）	4000 万篇	周更新
会议论文	全球重要行业知名会议	7000 万篇	月更新
中文期刊	涵盖万方、知网等	5600 万篇	月更新
专利数据	各类专利数据	1800 万条	月更新
标准	国标、地标、行标	100 万条	月更新
科研项目	自然基金、科学技术部等国家和省部级项目	150 万项	季度更新
科研人员	高校科研院所	650 万条	季度更新
科研机构	中国各类高校科研院所与企业	30 万条	季度更新

平台 B 整合了科技创新大数据全球科研论文 2.1 亿篇、专利 1800 万条、项目 150 万项和获奖 10 万余条，数据按月更新，形成了国内规模最大、精准度最高的千万级科研学者动态知识图谱人工智能引擎。基于如此海量的科研数据，平台 B 实现了以下三个核心竞争力。

（1）综合、实时的基础数据：全面覆盖中外文期刊、会议、标准、专利、项目、标准、媒体、人、机构、领域等综合数据资源 2 亿条，关键数据实时动态更新。

（2）科技知识图谱：利用领先的人工智能和知识图谱技术，实现科技主体的精准智能画像，实现科技成果的自动分析与生产。

（3）动态评价机制：基于科技创新活动和每日动态演变的人才（机构）评价以及竞争力分析的评价指标，科创动态评价指数 SPI（schedule performance index，进度绩效指数）。

7.3.4 数据的处理与挖掘

由于数据来源广泛、数据量庞大，平台 B 需要对数据进行处理与融合，这一工作由多个不同的数据处理流程构成。由于数据具有大规模、多源、多种不同结构的特点，在第一步数据清洗中，需要对数据进行标准化处理、对缺失数据进行补全与处理，以及对数据进行校对等，数据清洗工作实现了规范数据字段的目的，进一步提高了数据的质量。第二步数据清洗工作主要进行数据处理和融合，该过程设计并实践了通用数据清洗流程，该流程如图 7-9 所示。其中关键属性值能够明确标识一类实体或数据的属性。例如，科技人员的 ID，期刊论文的 DOI（digital object identifier，数字对象唯一标识符）等；在该清洗过程中，可以利用模糊匹配等方法实现数据的进一步融合。同时经过对数据的二次清洗及校验工作，形成了高质量的科技领域知识数据，从而构建了最终的科技领域知识图谱。

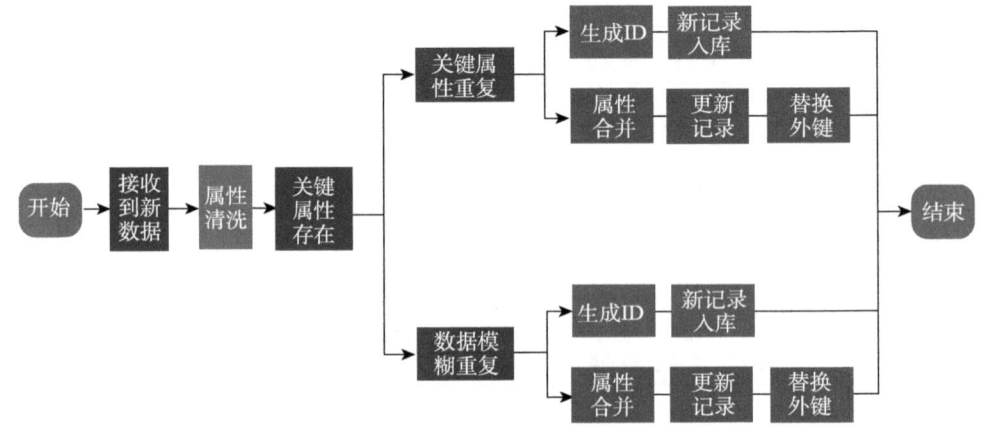

图 7-9 通用数据清洗流程图

为了实现对处理后的数据的挖掘，获取其中的知识并提取有效信息，平台 B 还实现了以下关键数据挖掘技术。

（1）学者同名消歧和履历合并。

（2）学者履历自动抽取：①基于谷歌大数据集的语料预训练模型；②使用"人民日报 1998"语料 fine-tuning，得到 BERT 编码器；③构建双向 LSTM+CRF 神经网络用于序列中实体的自动标注。

（3）学者评估机制。

（4）超大规模科研成果的多维度层次标签分类：在给定的标签体系下构建一个多层次多标签文本分类模型，从而给科研成果打上领域标签，并达到一定的准确率指标，如预训练词向量；设计并实现基于词向量的层次多标签文本分类算法；

测试算法的准确率及算法调参；与其他多标签文本分类方法进行对比。

7.3.5 相关应用

对于科技领域的科技项目、科研人员、科技成果、科研组织、科研动态等数据，通过使用大数据相关的核心技术及研发工具，实现对科技领域中大数据的采集、清洗、汇聚、融合等，进而构建科技领域的大数据知识图谱，并基于该大数据知识图谱精准地为用户提供包括检索、趋势预测、影响力评价、学者推荐在内的科技辅助决策服务。

目前，基于科技领域的大数据知识图谱关键技术及平台工具成功应用于相关科技资源数据服务系统，应用效果得到了专家认可。

科技情报监测预警平台通过对科技动态、科技前沿、科技项目、科技人才等各类科技情报的监测，对有可能产生威胁和侵害的情况进行预警。它有效集成了科技文献、科技人才、科技项目及相关科技大数据信息，实现了科技大数据的集中管理、多渠道分级分类发布和"一站式服务"，为科技大数据资源的集中统管和共享共用提供了系统支撑。

以人工智能领域为例。平台收集了海量的人工智能领域相关数据：从全球 SCI（science citation index，科学引文索引）论文中收集了 80 万篇论文；从科学技术部和国家自然科学基金委员会的数据中采集了 4.6 万的国内项目数据；从 NSF/NIH[①]等数据中采集了 15 万的国外项目数据；从全球专利数据中提取了 137 万的专利数据；从各个开源数据中采集到了 6.2 万的学者数据信息。

为了实现平台整体的功能，平台还对人工智能领域进行了更为细致的划分：机器智能基础理论与方法；逻辑推理与搜索；定理证明与近似推理；复杂任务规划与决策；自然计算基础理论；神经网络理论与方法；计算智能新理论与新方法；不确定性人工智能；机器智能测试模型；人工智能中的博弈理论与方法；机器学习基础理论与方法；监督学习；弱监督学习；无监督学习；统计学习；集成学习；强化学习；深度学习理论与方法；模式识别基础理论与方法；图像识别与理解；视频分析与理解；文字、文本与图形识别；语音识别、合成与理解；目标检测、跟踪与识别；生物特征识别；智能人机交互；自然语言处理基础理论与方法；自然语言认知、理解与推理；自然语言生成与写作；机器翻译；文本检索、挖掘与信息抽取；人机对话与问答；情感计算；社会媒体处理与跨媒体分析；知识表示与处理的基础理论与方法；知识表示与自动推理；知识工程与专家系统；知识发

---

① NSF（National Science Foundation）是美国国家科学基金会；NIH（National Institutes of Health）是美国国立卫生研究院。

现与数据挖掘；知识获取与知识图谱；知识演化与因果发现；分布式知识处理；多模态感知与情景计算；人工智能器件、芯片及系统结构；人工智能开发工具与基础平台；自主无人系统；进化与演化系统；群体智能与多智能体系统；人机混合智能；人机协同学习；智能系统评测；新型智能技术及应用；安全、可信智能系统构建的基本方法；交叉学科中的人工智能问题；基于认知机理的计算模型及应用；脑认知的注意、学习与记忆机制；视听觉感知模型；神经信息编码与解码；神经系统建模与分析；神经形态工程；类脑芯片；类脑计算；脑机接口与神经工程。

有了以上世界 30 个主要国家的论文、项目、专利和人才的数据，以及 62 个更为细致的领域划分，平台利用自身搭建的预警模型，基于数据分析预测人工智能领域的发展趋势，形成预警指数，从而对有可能产生威胁和侵害的情况进行预警。

7.3.6 总结与展望

本节从背景介绍与研发目标、技术挑战、数据积累、数据的处理与挖掘、相关应用等方面介绍了一种科技领域大数据知识图谱平台——平台 B，其研究的关键技术中的大数据采集、处理融合、知识抽取、关系挖掘部分以及基于这些技术研发的平台可应用到其他不同领域的大数据处理过程中。在后续发展中，平台 B 还将逐步完善自身功能，未来的应用方向将包括政府决策、用户画像、人物与机构推荐、机构评估、产业研究方向分析、论文发布、产业初期投资决策、高端人才引进决策、热点查询、学者影响力评价、信息众包、信息抽取、全方位知识库以及论文评估等，从而将自身打造成覆盖所有科研领域、最具权威的科技知识图谱平台之一。

参 考 文 献

[1] 郭华东. 科学大数据——国家大数据战略的基石[J]. 科学中国人, 2018, (18): 32-35.

第 8 章 科技大数据服务现状问题与发展建议

8.1 科技大数据现状分析

8.1.1 政策梳理

随着全球科技水平的快速提升与经济社会发展模式的转变升级，科技创新对于构建新发展格局具有战略支撑作用，我国对加快科技创新的需求更为迫切，科技成果转化、科技资源共享政策平台、科学数据管理等作为科技创新的重要基础，其相关政策体系不断完善，对加快我国科技创新、推动科技水平进步起到了更加重要的保障作用。现将科技成果转化、科技资源共享平台、科学数据管理的相关政策简要梳理如下。

1. 科技成果转化相关政策

国家、各省市关于科技成果转化的政策体系逐步完善，主要从资金管理、绩效管理、设立产业引导基金、完善科技成果转化登记、促进科技服务业市场发展、以大数据等手段完善创业孵化服务等方面提出了具体引导措施，鼓励将科技大数据转化为科技创新的重要基础资源。

2. 科技资源共享平台相关政策

科技资源共享平台是提高科技资源配置效率、提高科技资源价值、促进各主体开展科技创新的重要载体，国家高度重视科技资源共享平台的建设，在鼓励各类国家科技基础条件平台、国家科技资源共享服务平台、国家科技创新基地等进行有益探索的同时，进一步明确了建设原则、认定指标、运行管理考核等方面的要求，在强化全国科技平台建设指导、优化科技平台运行的规范管理与服务、深化科技资源共享等方面起到了重要的指导作用。多年来出台的与科技资源共享平台相关的国家政策见表 8-1。

3. 科学数据管理相关政策

2018 年 4 月国务院办公厅印发《科学数据管理办法》（国办发〔2018〕17 号），《科学数据管理办法》根据《中华人民共和国科学技术进步法》《中华人民共和国

表 8-1　科技资源共享平台国家政策一览表

序号	文件	发文字号	成文日期
1	《国务院办公厅转发科技部等部门 2004—2010 年国家科技基础条件平台建设纲要的通知》	国办发〔2004〕55 号	2004.07.03
2	《关于开展国家科技基础条件平台认定和绩效考核工作的通知》	国科发计〔2011〕318 号	2011.07.29
3	《科技部 财政部关于印发〈国家科技资源共享服务平台管理办法〉的通知》	国科发基〔2018〕48 号	2018.02.13
4	《科技部 财政部 国家发展改革委关于印发〈国家科技创新基地优化整合方案〉的通知》	国科发基〔2017〕250 号	2017.08.18

促进科技成果转化法》《政务信息资源共享管理暂行办法》等法律法规与政策文件而制定，是国家层面首个关于科学数据管理的政策，对于规范科学数据管理，保障科学数据安全，提高科学数据开放共享水平具有重要的指导意义。

《科学数据管理办法》将科学数据界定为"主要包括在自然科学、工程技术科学等领域，通过基础研究、应用研究、试验开发等产生的数据，以及通过观测监测、考察调查、检验检测等方式取得并用于科学研究活动的原始数据及其衍生数据"[1]。《科学数据管理办法》明确了科学数据主管部门和法人单位的职责，对科学数据的生产者与使用者提出了要求，明确了科学数据采集、汇交与保存、共享与利用、保密与安全等的相关制度规范，从而使科学数据开放共享成为常态[2]。

8.1.2　阶段分析

经过二十年的发展，我国科技服务平台建设由以科技资源服务平台试点建设为主要特征的起步阶段，发展为以科技基础条件平台集中建设为主要特征的发展阶段，再到以科技资源服务平台深入建设为主要特征的完善阶段，呈现出了国家先行、先进地区试点带动、多地开展特色建设的发展特点。现对这三个发展阶段进行简要分析。

1. 起步阶段——科技资源服务平台试点建设期

此阶段始于 20 世纪 90 年代末，国家层面启动了科技资源服务平台建设工作，如科学数据共享工程试点平台、国家科技图书文献中心等，地方层面通过开展数据库建设、区域专业服务平台建设等，积极推动科技学术文献、科学数据、科学

---

[1] 资料来源：http://www.gov.cn/zhengce/content/2018-04/02/content_5279272.htm [2018-05-20]。

[2] 资料来源：http:// www.gov.cn/zhengce/2018-04/05/content_5279957.htm [2018-06-18]。

仪器等资源的共享共用。此阶段局限于推进科技资源的单纯集成，着力解决科技资源浪费与匮乏并存的难题，可提供简单的整合、查询功能，服务匹配水平较低。

2. 发展阶段——科技基础条件平台集中建设期

此阶段以 2014 年 7 月《2004—2010 年国家科技基础条件平台建设纲要》的发布为起始节点，国家层面启动了中国科技资源共享网、标本资源共享平台、水产种质资源平台、国家微生物资源平台、家养动物种质资源平台、气象科学数据共享中心等 20 余个国家科技基础条件平台建设项目，各省市积极开展具备地方特色的科技平台建设工作，同时面向产业发展与企业孵化等成立了一批科技资源平台，如浙江省、上海市等。该阶段聚焦产业科技创新需求，对科技资源共享服务进一步做了专业化的细分，平台服务体系逐步成型，各地各行业积极拓展技术平台、企业服务平台等多种服务模式，有力地支撑了产业技术创新。

3. 完善阶段——科技资源服务平台深入建设期

此阶段始于 2011 年 7 月，以科学技术部发布《国家科技基础条件平台认定指标》和《国家科技基础条件平台运行服务绩效考核指标》为标志。国家层面进一步规范科技平台的运行管理，有力地促进了平台科技共享服务，并加强了对地方层面开展科技平台建设的引领和指导作用，各省市也逐步进行了针对科技平台的绩效考核与认定等工作，地方层面的科技平台建设与运营管理日益完善。同时，地方层面以行业科技创新为导向，有力地推进区域、领域特色科技资源服务平台建设，在运营模式、服务模式、管理方式等方面进行了丰富实践，逐渐呈现出多产业、多区域的分布式发展模式，科技大数据服务生态趋向成熟。

8.1.3 国家和省级的平台梳理

1. 中国科技资源共享网

中国科技资源共享网是科学技术部、财政部共同推动建设的国家平台门户系统，是国家科技基础条件平台建设的核心内容之一，按照统一标准接受和公布科技资源目录及相关服务信息，具有平台组建、运行管理和评价考核等工作的在线管理功能。它面向全社会开放，旨在利用现代信息技术为广大科技人员和社会公众提供科技资源信息服务，以推动科技资源的高效配置和综合利用。2006 年 1 月，国家科技基础条件平台门户应用系统在科学技术部实现部署。2009 年 9 月，中国科技资源共享网正式开通，2011 年 8 月，支撑首批 23 个国家科技基础条件平台的认定考核；2016 年，支撑 15 个国家科技平台建设项目的考核评估；2017 年 6 月，支撑 28 个国家科技基础条件平台；2019 年 6 月，国家科技资源共享服务平台进行了优化调整,支撑 50 个国家平台。该网站的功能主要包括构建科技资源目录体系框架,提供科技资源导航与检索工具,开展科技资源信息管理、国家平台运行服务管理等[①]。

(1) 构建科技资源目录体系框架是指遵循资源互联互通的原则,建立囊括国家平台门户系统、各国家科技资源平台、各部门及各机构等多渠道科技资源的目录体系。在科技资源目录体系下,目录内容条目清晰、易查易懂,结合资源不同分类和特点,用户可以快速定位所需资源。

一是建立科技资源目录体系。建设科技资源目录体系是实现科技资源共享与开放的基础性工作,起到了资源分类管理和快速检索的作用。科技资源目录体系相关的理论体系研究是重要的基础性、系统性工程。首先,要进行系统、深入的调查研究,总结各平台、各数据中心已有的实践经验,构建研究框架,在充分调研资源分布、分类的基础上,建立科技资源目录体系的理论研究脉络,为科技资源的共建共享与标准规范的制定奠定理论基础。其次,做好总体设计工作,在分析资源多主体、多来源、异构异质特征的基础上,利用大数据、人工智能的技术,研究科技资源目录统一汇交、在线更新、质量管理、存储备份、导航检索、服务评价等关键技术,为建立科技资源目录架构及相应的服务体系打下基础。

二是快速定位资源。随着元数据资源的不断汇交,元数据信息资源的增长和更新速度越来越快,资源的数据维度也不断提高,结构复杂多变。海量资源元数据在增加信息量的同时,也增加了利用这些资源信息的难度,有用的资源可能被淹没在大量的冗余数据中,用户很难快速定位和发现资源。元数据关键词检索和统一资源标识符检索识别技术是实现科技资源快速定位和查询的主要方法,也是提升资源发现和利用效率的有效手段。

(2) 科技资源导航与检索工具是指开发全新的科技资源导航与检索工具,支持分类导航、信息检索等多种资源查找方式,允许用户按照类别逐步缩小搜索范围,查找所需资源。采用智能化的检索方式,实现多元化的信息搜索与关联检索,允许用户根据实际需要,通过使用关键字检索或条件检索等多种方式来查找所需资源信息,提高检索效率。

一是开发全新的科技资源导航系统。为方便用户迅速地查询所需资源,需要建设全新的国家平台门户网站的资源导航系统。中国科技资源共享网通过分析用户对界面的不同需求,设计全新的科技资源导航功能。在新的导航功能中,其设计了科技资源分类展示、信息检索、科技专题、工作动态等版块,并设计了丰富的展示方式以提高用户体验。

二是开发全新的科技资源检索工具。开发科技资源检索工具的目标是使用户

---

① 资料来源:https://escience.org.cn/。

能够快速、准确地获得所需的科技资源信息。在用户输入查询条件后，检索工具的首要目标就是检索出用户所需的信息，即在科技资源提供者与用户之间建起桥梁。科技资源检索功能是国家平台门户系统的重要组成部分，它通过对同类型服务平台的调研分析，探索研究用户需求和平台运营模式，根据对科技资源的服务内容、用户需求类型以及科技资源目录体系等的综合考虑，结合资源的所属地区、所属单位、所属类别、学科领域等进行多样化筛选，从而形成基于数据源融合的数据检索方法。同时，该功能采用基于协同过滤的算法推荐技术对用户的阅读轨迹和检索行为进行数据分析，估算用户相似度，判断用户兴趣点，挖掘用户的潜在需求，从而优化科技资源检索的精准推荐和科学排序。

（3）科技资源信息管理是指通过科技资源信息管理系统有效地进行平台信息资源的管理，内容涵盖各个国家平台、科学数据管理中心以及各子平台系统需要汇交并在平台门户发布的信息。信息管理系统通过互联网将不同地区、不同行业的平台及组织机构的各类科技资源信息汇聚起来，并设定用户访问权限，普通用户可以及时浏览、获取科技资源信息，资源平台及机构用户还可以执行相关操作（包括统计分析、更新修改、上传等），提高整个系统的运行效率和用户的访问效率。中国科技资源共享网通过开发科技资源信息管理功能模块，根据不同用户的分级授权，实现对各平台、各机构的科技资源信息的增删改查、格式审核、导出下载以及统计分析。该部分主要包含以下三个部分的内容。

一是信息的增删改查。信息提交与管理主要针对平台用户及资源机构用户，主要功能有：对各领域的科技资源信息进行上传、删除、导出下载以及统计分析等。平台门户信息管理系统具有管理整个站点用户及分配用户权限的功能，可以帮助实现信息分级管理，保证平台科技资源信息的分级权限操作以及资源信息的安全性。利用内容管理系统，平台门户可以方便地与各国家资源平台、各资源机构及各类用户共建共享网站内容，不会受到异构平台的限制。信息管理是平台门户系统的重要功能，采用各资源单位信息共建共享的方法，可以大大提高平台管理和服务的效率。

二是科技资源信息在线评价反馈。科技资源信息评价模块是获取用户反馈的主要来源。在线评价反馈的内容包括满意度星级评分、意见或建议等，按期收集用户的评价信息，并将问题及时反馈给主管部门及各国家资源平台。门户平台允许用户对部分信息（如平台的资源信息、服务信息、咨询信息等）进行评价，评论在后台经过审核后可以公布，用于展示用户对相关资源及服务的评价。同时，还可以根据用户的评论，进一步完善和优化平台功能。平台门户为用户提供两种评价反馈方式：用户在平台浏览资源信息后，可对科技资源的情况进行评价；注册用户在点击登录后，可针对查询服务进行评价留言及客观评分。主管部门对资源单位进行评价考核时可直接提取线上用户的星级评价信息作为考核依据。

三是信息更新与发布。为及时传递各领域科技资源的最新动态、最新出台的相关政策法规、国内外科技领域的重大进展，共享平台开辟了新闻版块、通知公告版块、政策法规版块、工作动态版块，及时更新、发布与科技平台相关的信息。中国科技资源共享网开发了信息上传、审核与发布功能模块，能够高效、安全地处理平台用户发布的信息。开发文档编辑功能模块，能够方便用户在后台编辑、更新信息。

（4）国家平台运行服务管理功能是指开发国家平台运行服务管理功能，按照科学数据、生物种质和实验材料等不同科技资源的服务特点，以及国家科学数据中心和国家生物资源库（馆）的运行管理要求完善在线填报内容标准，升级系统相关功能，及时跟踪科技平台为社会提供服务的质量和数量，用信息技术手段支撑科技平台运行绩效的科学考评，开发国家科技基础条件平台运行服务管理系统，国家科技平台通过该管理系统填报运行服务信息。

（5）用户互联互通建设是本次共享网升级建设的重要内容之一，其目的是实现共享网和国家平台网站的一站式登录。中国科技资源共享网通过将共享网注册用户信息同时存储至国家平台网站，在用户访问国家平台网站过程中，利用基于OAuth2.0的开放授权体系，实现共享网向国家平台网站跳转过程中的有效衔接。国家平台需做好授权体系的集成工作，同时做好共享网注册用户在本平台网站基础权限的赋予及管理。

在网站的首页，中国科技资源共享网名字和LOGO的右侧是登录注册与搜索栏，下面分为首页、资源目录、国家科学数据中心、国家资源库、服务案例、资源标识和平台中心等七个选项标签。网页最醒目的是中间靠左侧的活动窗口，它轮换播映五张图片，内容分别是不同学科的科学数据中心发布的最新的数据集内容或其他动态信息。2021年1月28日登录时看到的分别是国家冰川冻土沙漠科学数据中心发布的瓦里关大气成分本底观测数据集（2021年1月19日），国家地球系统科学数据中心发布的2020年第四季度发布数据产品清单（2021年1月13日），国家青藏高原科学数据中心发布的黑河流域逐日100米地表蒸散发数据（HiTLL ET V1.0）（2021年1月12日），国家冰川冻土沙漠科学数据中心发布的中国积雪特性及分布遥感调查产品（2020年12月29日）和新冠病毒科技资源服务系统入选世界互联网领先科技成果（2020年11月25日）等五条动态信息。活动窗口的右侧是动态信息，信息来源于国家各个学科的科学数据中心，动态信息包括各个科学数据中心的数据及发布，相关学术机构或专家委员会的工作会议、培训交流、奖项表彰等，以及国内外学术研究的重大发现和关键进展等。从2019年7月19日至2021年1月28日近一年半时间内共发布了526条动态信息，平均每天发布将近一条动态信息，可见该平台上科技信息的动态更新频率高，能及时反馈各个科研领域的学术进展和数据发布情况。首页左下位置是科技资源分类，与点击资源目录后的内容一致,包括科学数据、生物种质与实验材料、重大科研基础设施和大型科研仪器四个条目,点击后分别对应不同类型的科技资源。该栏目的右侧(首页右下位置)是对科技资源的推荐,分为推荐资源、热门资源和最新资源,列出评分较高、浏览次数较高或最近更新的科技资源。

在首页下方,有资源服务与信息公开板块,分为实验动物、标准化工作专栏、科研试剂、国家技术创新中心/工程技术研究中心、区域平台建设与资源共享。另外,有友情链接可以链接到科学技术部、财政部、国家发展和改革委员会、教育部、工业和信息化部、民政部、自然资源部、生态环境部、交通运输部、水利部、农业农村部、国家卫生健康委员会、应急部等相关部门和北京、上海、黑龙江、贵州、重庆、四川、湖北等地方平台。

值得一提的是,"国家科学数据中心"栏目下有20个各学科领域的科学数据中心,"国家资源库"栏目下有31个国家各学科领域的资源库,点击链接后都有非常详细的简介内容、链接地址、特色资源等,信息内容较为丰富,更新频率较高,用户体验较好[①]。

此外,还有一些跨地域的科技信息资源网站,如国家科技统计数据中心主办的中国科技统计、中国科学技术信息研究所主办的国家科技成果转化项目库等。中国科技统计网站汇总了许多科技相关的统计信息资源,如我国的主要科技指标、技术市场统计分析、科技统计公报和相关数据等[②];国家科技成果转化项目库收录了国家科技计划项目成果、地方或部门科技计划项目成果、国家科技奖励成果以及相关政策法规等[③]。许多科研机构也在积极推动科学技术研究相关的数据开放与资源共享,比如中国科学院数据云打造了面向科研创新的科学大数据服务平台,该平台具备数据汇聚、数据管理、数据发现、数据分析等功能,目前其数据资源主要集中在化学、材料科学、天文、地球科学、空间、生物、农田水利和信息技术等领域[④]。

2. 省级科技资源信息共享平台的建设情况

课题组参考了相关文献对各省市科技资源共享平台的梳理,通过关键词搜索检索了各省市科技相关平台的新闻,共梳理出17个当前有效的各省市的科技资源信息共享平台(不包括科学技术厅官方网站的科技资源子网页),具体信息见表8-3。

---

① 资料来源:https://escience.org.cn/。
② 资料来源:https://www.sts.org.cn/Page/Main/Index。
③ 资料来源:http://www.nstad.cn/nstas/index。
④ 资料来源:http://www.csdb.cn/。

表 8-3　各省市科技资源信息共享平台科技资源情况

序号	平台名称	网址	主要资源内容
1	首都科技条件平台	https://fwy.kw.beijing.gov.cn:80821	仪器设备、实验室、科技成果、案例、科技服务、研发试验服务基地
2	天津市科服网	http://www.tten.cn/	科技文献、仪器设备、创新券、知识产权服务、科技服务
3	辽宁省科技创新资源共享服务平台	http://www.lninfo.com.cn/	科技文献、标准、专利
4	黑龙江省科技创新创业共享服务平台	http://zw.hljsti.cn/home/indexNew	仪器设备、检测项目、服务企业、科技创新券、科研机构、科技企业、创新载体、创新券服务机构
5	上海研发公共服务平台	http://www.sgst.cn/	仪器设施、专家信息、研发基地资源、科技文献
6	江苏省科技资源统筹服务中心	https://www.jssic.cn/#/mindex	公共研发、企业创新、公共服务（信息索引）
7	浙江科技大脑	https://stbrain.kjt.zj.gov.cn/stbrain/m/index.html	创新机构、仪器设备、科技报告、创新服务
8	四川省科技文献共享服务平台	http://www.scstl.org/index.jsp	科技文献
9	山东省科技云平台（试用版）	http://cloud.sdstc.gov.cn/	科技政策、技术需求、仪器设备、科技服务、科技平台、科技成果
10	河南科技服务网	http://hnkjfw.cn/	科技人才、科技企业、科技成果、仪器设备、科研机构
11	湖北省科技资源共享服务平台	http://www.hbsts.org.cn/	科技文献、科技企业、科研单位
12	湘知云·湖南省知识服务平台	http://www.hnsti.ac.cn/Hnxzy/Home/Index	科技文献、科技成果、仪器设备、科技报告、科技查新、科技情报
13	广东省科技资源共享服务平台	http://www.gdkjzy.net/	自然资源、仪器设备、实验室、科技文献、科学数据、科技成果
14	广西科技文献共享与服务平台	http://www.gxstd.com/portal/view.do	科技文献
15	重庆科技资源共享平台	http://www.csti.cn/	仪器设备、科技人才、科技成果、科技文献、科技服务
16	甘肃科聚网	https://www.gskeju.cn/	仪器设备、科技文献、检验检测、科技咨询、科技专家、科技成果、知识产权
17	青海省科技信息网	http://www.qhinfo.net/	科技文献、科技政策、科技服务

从各个地方科技类的公共服务平台的科技资源内容来看，这些平台主要集中于为用户提供文献检索、科技政策、科技服务、仪器设备、科研机构等信息索引和需求对接服务（表 8-3）。科技文献检索通常汇集了常见的中文文献数据库，如知网、万方、维普等，部分平台提供了国外的一些科技大数据库的链接。仪器设备和实验室等资源多以信息索引的形式呈现，用户可以通过搜索功能寻找需要的仪器设备或研发场所，部分省市平台通过链接到单独的网页提供仪器设备资源。科技成果方面，

有些平台是将科技成果整理到科技文献服务中,另外一些是以新闻或研究报告的形式分散在网页的不同位置。科技企业或研究机构的信息包括机构名称、研究领域、主要成果等,科技人才或专家智库的信息包括专家或人才的姓名、职务、研究领域、研究成果等,相关信息以简单呈现为主,拓展功能不多。

课题组梳理研究发现,许多省级科技服务类公共平台的链接已失效,通过搜索引擎也只能查到新闻,难以登录网址。即便是能够顺利登录对应的平台,各省级平台的科技资源质量也良莠不齐:部分网站设计不够简洁,难以快速获取所需信息;部分网站功能较为单一,未能整合省内的优势科研资源;部分网站管理维护不佳,无效链接较多;部分网站仅有列表式的信息索引,不具备平台的撮合匹配和精准推荐功能;部分网站信息久未更新,最新的消息停留在2019年,难以发挥信息服务功能。但是也有部分省级平台网站设计简洁、搜索推荐功能强大、能快速获取有效的科技资源,如上海研发公共服务平台和浙江科技大脑。

8.2 科技大数据发展应用面临的问题

随着大数据、人工智能、移动互联网、云计算、5G等新兴技术的快速发展,科技大数据服务的形态、模式和机制也将逐步呈现出多元化的形态,以适应趋于个性化、定制化以及扁平化的用户需求,同时网络的普及让科技大数据的数据量每天海量、快速增长,这导致现阶段科技知识数据服务的内容、模式、运行机制以及法律法规、标准规范等都面临着巨大的挑战与问题。

8.2.1 平台服务供需不平衡

当前我们正处于科技大数据时代,个性化用户类型众多、科技知识数据需求旺盛、科技知识资源日益丰富,科技机构和平台的供给与用户的数据服务需求存在不匹配的问题,用户多元化、个性化的需求逐渐增多,科技研究范式和科技大数据发展进程等因素同样带来了平台服务供需不平衡问题。有学者指出我国科技资源以及科技情报供给与需求不平衡问题成为当前的主要矛盾[1]。

一是用户需求呈现定制化、集成化和深度性的特征。当前通过数字化、网络化获取科技信息已经逐步成为用户的一种基本要求和行为习惯,经过系统化、组织化总结的科技资源已成为用户的主要需求内容,比如数字图书馆环境、逻辑集成的海量相关信息等。科技服务入口从提供资料的物理入口发展到构建知识的智能入口,前者仅基于文献层面,后者需要平台通过推送服务、个性化服务、面向任务的信息资源整合、学科门户等方式来实现[2]。数字化、网络化的普及使得用户对科技大数据服务的需求正从文献获取转变为知识发现,用户将越来越要求科技大数据服务以定制化、互动化的方式，以知识内容、知识关系、知识动态利用为核心，解决基于知识和分析才能解决的问题[2]，而不是像过去那样停留在简单文献的集合上。

二是科技大数据服务平台难以匹配用户需求的快速升级。当前我国各类科技大数据服务平台在数据质量把握、运行机制、服务模式以及技术手段等方面还远远达不到用户的要求，主要表现在：①数据组织、检索技术等不完善；②数据价值没有得到充分利用和挖掘；③传统科技信息服务机构拥有的海量知识资源无法通过智能知识计算为用户提供精准、个性化的数据产品；④在知识创新、产业技术创新与市场创新等领域难以快速提供有价值的信息资源。

8.2.2　平台科技大数据质量参差不齐

一是科技平台数据治理体系有待完善。我国各类科技服务平台尚未建设起完善的科技大数据治理体系，这导致平台上的数据质量参差不齐。以知识计算为核心的科技大数据未能有序地建立起来，因而科技大数据分析服务方法库与工具库没有实现有效应用和协同，在数据采集、处理过程中没有采用高质量的数据治理与服务标准，仍然以人工为主开展数据搜集和整理工作，这导致科技大数据服务响应速度比较慢，数据质量难以保证，难以满足全领域分类用户的科技大数据服务需求。

二是平台科技信息资源整合的水平较低。当前我国各类科技大数据平台的建设水平也存在较大差异，有的平台科技信息资源较多，涉及科技文献、仪器设备、科研机构、科技企业、科技成果、科技人才等，但有的平台提供的信息资源很少，还有的省份虽然向社会公众开放了很多科技资源，但却没有将这些资源整合到一个平台上[3]。从这些现象可以看出我国科技大数据平台的整体水平不高，资源整合力度较弱，没有建立资源共享的规范和标准，数字化、信息化整合难度较大。许多科技平台资源不够权威和全面、针对性不强。

8.2.3　平台组织机制不健全

一是管理体制存在不足。我国主要的国家级科技服务平台主要是垂直型组织模式，这不利于平台之间的资源共享与互通。而各地方省级平台则多为横向型组织模式，合作伙伴的类型包括了高校图书馆、科技研究所、情报研究所等拥有丰富信息资源的机构。有调研显示，超过70%的省级平台都选择了各类型图书馆作为其合作伙伴，这些合作单位多为自主发展性质，因此导致省级平台的信息过于混乱。[4]此外国家级平台与地方平台之间的整合、对接机制尚未完全建立，各地的科技创新与大数据服务平台涵盖的数据资源及其服务对象的范围仍然有限，各地在科技服务平台的建设上存在重复交叉,有的国家科技平台已经完成的资源整合工作,一些地方平台仍然在重复建设,甚至连数据资源名称都没有统一。造成上述问题的主要原因是缺乏对科技服务平台的宏观管理[5],平台服务模式缺乏创新,平台服务能力、运行机制等参差不齐。

二是缺乏稳定的资金支持机制。目前单纯以服务的质和量来决定科技大数据服务平台的资金补助标准,这对于那些资源特殊、行业小众的科技服务平台来说,缺少了平台运行维护的稳定经费支持和保障。平台运行服务专职人员的经费缺乏也给专业人才的引进带来了一定的困难和障碍。此外,绩效考核机制应当有所区分,不能对不同的平台采用相同的标准,财政资金的投入力度也要有所差别。

三是科技服务平台"信息孤岛"现象严重。当前我国各领域科技基础数据资源相对分散,缺乏有效的整合和共享,造成了"信息孤岛"现象,各地区的服务能力发展不均衡。由于认识不同和部门分割等原因,省级内部大多数平台没有完全整合区域内已开放的各类科技资源。各省级平台与国家级平台的数据资源也没有充分共享,这种情况大大增加了沟通成本,阻碍了科技大数据服务效率的提高。

8.2.4 法律法规与科技大数据标准规范体系不完善

一是法律法规不完善。目前科技大数据服务的相关法律法规还不能完全满足科技创新服务市场化的要求,有些法律法规针对性不强,对科技服务机构的范围缺乏统一、明确的规范,大多数类型的科技服务机构的主体地位还未得到明确,这使得服务过程中出现问题与纠纷时难以及时、妥善地解决,相关人员和平台的权益也难以得到有效维护。同时,缺乏科学的行业准入机制、服务监督机制和服务规范使得科技大数据服务行业的运行参差不齐。

二是科技大数据标准规范体系尚不完善。当前科技信息资源内容的元数据描述不统一。比如,对于科技人才信息资源的描述,河南科技服务网主要描述了姓名、性别、民族、学科领域等个人基本信息,而重庆科技资源共享平台除了基本信息外,还提供了其代表论文和研究项目信息。虽然早在2009年科学技术部、国家标准化管理委员会就共同成立了全国科技平台标准化技术委员会,组织开展了科技平台标准化工作,并且已经发布了《科技平台资源核心元数据》《科技平台服务核心元数据》等国家标准[6]。但是随着科技大数据和科技服务网络平台的日益发展,数据管理标准、平台服务标准、监督考核标准等全流程科技大数据服务标准体系仍有待完善。

8.2.5 市场开放程度较弱

我国大部分科技服务平台，包括全国性平台和省级平台，主要还是由政府主导，资金主要来源于中央财政或当地财政的支持，这导致这些平台缺乏市场竞争性。当前绝大多数的科技服务机构存在产权不明晰、地位不独立、政府性质多于市场性质等问题，这些体制上的遗留问题导致一些科研服务机构没有明确的市场定位，缺乏市场意识、竞争意识和服务意识，经营粗放，难以适应市场经济发展的需要[4]，而且针对科技大数据创新服务的新型定价机制尚未建立。

8.3 推进科技大数据发展的建议措施

8.3.1 规范科技大数据治理体系

科技信息资源覆盖多元领域与广泛内容，传感器、信息获取等数字技术的不断发展使得科技信息资源以史无前例的速度急剧增长。与此同时，随着越来越多的大科学装置的建设和重大科学实验的开展，科技信息资源呈现出快速增长的态势。科技信息资源是科学发现的新型战略资源，作为记录科技活动的重要载体，涵盖内容广泛、涉及领域众多，这也使得科技大数据的来源丰富化、复杂化，亟须进一步规范科技大数据治理体系。

1. 明确数据范围

对大型科学仪器、人才、基地、服务机构等科技资源数据、仪器服务备案信息和科技券服务订单、评价、用户访问等动态服务数据进行综合治理，实现各类科技大数据的汇聚、处理、分析与展示。

2. 统一标准规范

完善的科技大数据标准规范体系是科技大数据形成与应用的基础，应明确数据格式，建立面向科技服务的集成标准，为构建共享开放的科技创新网络体系夯实基础。

3. 数据质量治理

以需求为导向，明确数据质量管理的目标与全流程要求，通过理顺数据质量管理的组织架构与人员岗位分工，应用数字化工具对数据质量管理的各个环节开展精准监测与控制，保障数据从采集到共享开放全生命周期的质量。

4. 数据协作治理

建立数据联盟机制，实现基于通用标准的数据跨域共享。明确数据和平台应遵循的统一原则或规范，支持不同平台依据统一的标准或接口开展数据交互。

5. 数据对外开放

以科研机构、科研院所为主体，推进科技信息资源向社会公众开放，引导以高科技企业为代表的社会力量开放科技信息资源，促进科技信息资源发挥出更大的效益。

8.3.2 丰富科技大数据服务模式

1. 拓展科技大数据应用场景

一是打造科技资源服务图谱。基于科技大数据对大型科学仪器设施、试验基地、人才以及服务机构等资源与服务的区域密集程度、产业集聚度、资源偏好度、发展态势等进行分析挖掘，形成科技资源服务图谱。

二是辅助科创研发能力综合评价。基于科技大数据构建多元化数据分析模型，为建立科创研发能力指标体系提供参考，如科技创新指数、企业技术创新能力指数、大型科学仪器设备利用与共享指数等。

三是辅助决策分析。融合科技大数据、产业数据和企业数据，构建经济–技术图谱，通过对区域科创投入、研发综合成效、企业技术价值、科技人才等开展全面、精准的评估分析，帮助政府相关部门准确掌握本区域的科创态势，科学制定科创政策。

2. 完善线上平台服务体系

基于去中心化的组织机制，结合各行业需求，加快构建专注于单一行业和跨区域、跨产业、跨功能的科技资源共享服务体系，推进分布式科技大数据服务平台的建设，促进跨区域联盟合作，形成多元共享、动态更新的科技信息资源服务模式。

一是构建重点行业领域科技资源共享平台。科技资源共享平台作为推进科技资源共享服务体系价值重组的关键载体，具有整合各领域科技信息资源、支持各类科技创新活动等关键作用。围绕创新发展战略的需要，亟须面向新能源、新材料、生物科技等领域研发对外开放的公共科学技术服务平台，实现由提供普适型科技资源共享服务向提供专业型纵深化科技创新服务的跨越式转变，从而促进关键技术、核心技术联合攻关，加快研发效率，促进科成果落地应用。

二是构建跨区域的科技资源共享平台。鼓励条件成熟的省市探索构建跨区域的科技大数据平台、科技资源共享平台等,积极推进多地协同共建跨领域、跨行业的专业科技资源共享服务平台,促进跨区域合作共建共享基础性科技资源服务与科技创新服务。

3. 再造线下平台服务模式

一是推动建设科技服务中心。以高校、科研机构为载体,促进政产学研联动,支持更多科研院所建设实体科技服务中心,提供研发设计、测试评估、知识产权、信用、融资、宣传推介、科技企业孵化培育等线下服务,不断完善服务体系,为各行业领域的中小企业提供个性化的科技创新服务。

二是积极发展"共享+科技服务"。借鉴共享经济运行模式,促进科技服务的模块化与去中心化,基于互联网技术提升科技服务供需匹配的效率,形成研发机构、企业、用户等多方高效共建共享共用优质科技资源的格局。

8.3.3 优化科技大数据支撑体系

面向我国新兴信息技术的突破式发展需求,促进创新链、产业链与服务链融合,积极探索构建以"科技创新资源信息集成融合、科技资源研究与运行评价、科技创新资源协同配置服务"为核心,全面整合人才、装置、机构、项目等科技资源数据要素的科学数据服务新生态。基于科学数据服务新生态,全面提升区域科技大数据加工、存储、挖掘、分析、共享和服务的能力,提供完善的科技大数据服务支撑。

1. 技术支撑体系

推动科技领域与大数据、人工智能、云计算、物联网、移动互联网等技术的深度融合,攻关科技资源技术领域的关键问题。通过语义分析和知识化处理,实现数据挖掘、模型构建、技术画像、综合评价和智能推荐等核心功能。

2. 制度支撑体系

一是建立健全配套法律法规。在已有的法律法规的基础上,完善科技大数据管理与各应用环节的配套法律设计,明确数据采集、共享、使用各环节、各主体的权责与义务,确定数据有偿应用的细则,解决科技资源共享的规范性与合法性问题。

二是完善相关政策法规。从宏观布局科技大数据服务体系与平台建设出发,明确科技信息资源建设的重点领域,明确分工任务与建设步骤,促进部门间的合作，加快科技资源跨行业、领域共享共用，全面提升科技大数据服务的能级。

三是推进科技服务跨域共享。打通科研机构、高校、企业等科技大数据创造与应用主体的连接，明确各方的利益与风险，支持科研基础设施、科研仪器、科技文献、科学数据、科技人才等科技资源的合理流动与开放共享。

3. 产业支撑体系

一是加快发展科技服务业。科技服务业作为打通创新全链条的新型业态，应在服务方式与内容、信息保护等方面开展标准化试点，加快科技服务业与多元业态融合共促，不断提升科技服务业的发展水平。

二是加快发展信息技术产业。促进信息技术产业发展，完善以大数据为重点的开放式创新业态。促进数据资源体系建设、提升数据分析处理能力、数据共享与交易等长足发展，推进科技信息资源价值的产生与倍增。

参 考 文 献

[1] 张晓林. 颠覆性变革与后图书馆时代——推动知识服务的供给侧结构性改革[J]. 中国图书馆学报，2018，44（1）：4-16.
[2] 汤珊红. 借鉴国外经验构建面向用户的科技信息服务创新体系[J]. 情报理论与实践，2009，32（3）：42-46.
[3] 周宏虹，伍诗瑜. 我国科技信息资源共享平台建设现状[J]. 科技管理研究，2019，39（5）：174-178.
[4] 林婷，高波. 我国科技文献信息资源共享的现状研究[J]. 图书馆，2013，(6)：67-71.
[5] 张贵红，朱悦. 我国科技平台建设的历程、现状及主要问题分析[J]. 中国科技论坛，2015，(1)：17-21，38.
[6] 叶玉江. 加强科技平台工作 推进科技资源管理[J]. 中国科技资源导刊，2015，47（2）：1-6.